当代生态经济译库(六)

第三窗口

——超越牛顿和达尔文的自然生活

Robert E. Ulanowicz 著
宋晓谕 蔡国英 译
徐中民 校

黄河水利出版社
·郑州·

图书在版编目(CIP)数据

第三窗口/(美)尤兰维奇(Ulanowicz,R. E.)著;宋晓谕,蔡国英译. —郑州:黄河水利出版社,2014.6

书名原文:A Third Window – Natural Life beyond Newton and Darwin

ISBN 978 – 7 – 5509 – 0812 – 3

Ⅰ.①第… Ⅱ.①尤… ②宋… ③蔡… Ⅲ.①生态经济学 – 研究 Ⅳ.①F062.2

中国版本图书馆 CIP 数据核字(2014)第 114665 号

Originally published as A Third Window – Natural Life beyond Newton and Darwin.

This translation is published under contract with Templeton Foundation Press.

First edition 2009

ISBN10:1 – 59947 – 154 – X

ISBN13:978 – 1 – 59947 – 154 – 9

出 版 社:黄河水利出版社

地址:河南省郑州市顺河路黄委会综合楼 14 层 邮政编码:450003

发行单位:黄河水利出版社

发行部电话:0371 – 66026940、66020550、66028024、66022620(传真)

E-mail:hhslcbs@126.com

承印单位:河南省瑞光印务股份有限公司

开本:787 mm×1 092 mm 1/16

印张:8.25

字数:191 千字 印数:1—1 000

版次:2014 年 10 月第 1 版 印次:2014 年 10 月第 1 次印刷

定价:30.00 元

著作权合同登记号:图字 16 – 2014 – 148

2007 年　普里高津奖

2004 年，锡耶纳大学和韦塞克斯技术学院联合设立了普里高津奖。该奖项每年颁发一次，奖励在生态系统科学及相关领域做出突出贡献的科学家。该奖项是为了纪念非平衡态热力学研究的先驱——普里高津博士，他于 1977 年获得诺贝尔化学奖。自设立以来，先后获此奖项的有丹麦的 Sven Erik Jørgensen 教授，意大利的 Enzo Tiezzi 教授和美国的 Bernard Patten 教授。

2007 年的普里高津奖颁发给了美国马里兰大学的 Robert E. Ulanowicz，奖励他在生态系统营养交换网络分析中所做出的突出贡献。葡萄牙科英布拉大学的马格纳礼堂是欧洲大学最古老的建筑物之一，建于 10 世纪。在这座古雅的礼堂里，隆重地举行了 2007 年度的颁奖仪式。出席颁奖仪式的嘉宾有历届获奖者，还有此届获奖者的夫人 Marijka 女士，所有受邀男嘉宾都身着学院袍。颁奖仪式庄严肃穆，最引人注目的是颁奖时刻和获奖者的感言。在韦塞克斯技术学院负责人 Carlos Brebbia 给 Robert E. Ulanowicz 教授颁奖后，随后 Ulanowicz 发表了获奖感言，他概述了普里高津博士对他多方面的影响，尤其是普里高津过程思想的影响。这些思想都反映在《第三窗口》中。

左 2 是获奖者 Robert E. Ulanowicz **教授，左 1 是科英布拉大学的** Joao Carlos Marques **博士，右 2 是韦塞克斯技术学院的** Carlos Brebbia **教授。**

左 2 是获奖者 Robert E. Ulanowicz **教授，左 1 是获奖者的妻子** Marijka **女士，右 2 是锡耶纳大学的** Enzo Tiezzi **教授，右 1 是韦塞克斯技术学院的** Carlos Brebbia **教授。**

出版前言

当人类跨入21世纪的时候,科学研究的方式发生了很大的变化,已经进入了多学科交叉和团队协作研究来解决全球性重大问题(如全球变暖、生物多样性损失、环境污染、水土流失等)的新时代。生态经济学作为一门倡导从最广泛的角度来理解生态系统与经济系统之间复杂关系的新兴交叉学科,最近十多年来得到了迅速的发展,其在可持续发展的定量衡量、环境政策和管理、生态系统服务评价、生态系统健康与人类健康、资源的可持续利用、集成评价和模拟、生活质量及财富和资源的分配等方面的研究取得了突破性进展,对理解和解决环境问题做出了巨大的贡献。

个人能否成才通常取决于智商、情商、健商和机遇等许多因素,其中健商最为重要,"一个人做对的事情比做对事情更重要"指的就是一个人要有健商。一门学科的发展与此有许多相似之处。我国西北地区经济发展落后,生态与环境脆弱,从生态经济的角度来理解环境问题的病因、探询生态系统与经济系统和谐发展的机制、找寻积极而有效的行动对策措施,无疑是正确的方向。在知识创新和文化创新的背景下,中国科学院寒区旱区环境与工程研究所与兰州大学、西北师范大学等高等院校的一批对生态经济问题有浓厚兴趣的青年科研人员自发组织成立了一个学习型生态经济研究小组。该团队以五项修炼(自我超越、改善心智模式、建立共同愿景、团体学习和系统思考)为加强自身个人修养的要旨,目标是为解决西北地区突出的生态经济问题做出自己的贡献。这说明生态经济学科在西北的发展已经具备"智商"、"情商"和"健商"的基础,所缺的只是"机遇"。在西部做事比东部难、机遇少是当前不争的事实,但要认识到机遇只垂青于有准备的头脑,我们需要创造条件,等待机会。切莫在机遇来时,因自身条件限制而不能抓住,空悲叹。

如何创造条件?科研有它自己的规律,讲求厚积而薄发,"十年铸一剑"。任何学科的进步,都是靠一代又一代人的积累。没有旧知识的积累,就不会有新知识的拓展。对我国生态经济的发展而言,现阶段的任务主要是学习国际上的"开山斧法"。由于我国目前生态经济学科发展与国际前沿存在较大差距,要想顺利通过面前的"文献山",跟上国际前沿,找到国际上生态经济研究的"开山斧"著作,并将它翻译介绍进国内,是一种很好的厚积斧头的方式。

当然,我们不能仅满足于掌握国际上的"开山斧法",我们的最终目标是拥有自己的"开山斧法",也就是要做出自己的创新成果。从现阶段的实际情况来看,要开创自己的"开山斧法"困难重重,但只要大家能静下心来,好好演练国际上生态经济研究的"开山斧法",并以"十年铸一剑"的毅力和勇气,持之以恒,相信在不久的将来定能拥有自己的"开山斧法"。

希望通过大家坚持不懈的努力,在不久的将来能在研究范围、研究内容、研究方法和手段等方面跟上世界生态经济研究的前沿,甚至能在一些方面结出自己的思想之果,引领风骚。

春风拂柳,拂昔追远,迎着朝辉,充满希望。

我和大家一起瞻望中国生态经济研究的未来!

2006 年 10 月 16 日

Preface to the Chinese Edition of A Third Window: Natural Life beyond Newton and Darwin

A Third Window is the final monograph in a trilogy that I wrote in the attempt to describe changes in the living world in terms of networks of whole systems. In my first book, Growth and Development: Ecosystems Phenomenology, I focused on mathematical tools that could be used to uncover traits of whole systems that were not apparent under casual observation. I also noted how ecosystem change seemed not to come about in the mechanical fashion that is common to most scientific discourse.

In my second work, Ecology, the Ascendent Perspective, I turned my attention to elucidating the nature of the causalities behind whole ecosystem change. It turned out that influences other than conventional bottom – up causality were at work, especially autocatalytic development, which violates the stricture against closure (the requirement that only material and mechanical causes are legitimate in science).

Both of these works are now available in Chinese. During the course of the translation, it became evident that the cultural background that Eastern and Western scientists carry with them into their work can differ greatly, and some understanding of both perspectives is necessary for clear communication. These differences become even more profound when one ventures into the realm of the philosophy behind nature, which was the subject of this third work, A Third Window.

In surveying the conventional (Western) philosophy of science, I became concerned about two metaphysical problems:

(1) Over the past 300 years science has been largely materialistic in scope. While viewing nature in terms of material has provided many pragmatic advantages, focusing on matter creates a major metaphysical problem. Neutral matter did not appear until some 300,000 years after the Big Bang. How can one ground a scientific worldview on something that was not present for a considerable while after the beginning?

(2) Most conclusions about how nature acts as a system have been predicated on simple models that are rarefied, homogeneous and weakly – interacting. But according to cosmology, that is certainly not the way that the universe came at us. Such simplistic conditions could only have existed very late in the evolution of the cosmos. The beginnings were incredibly dense and enormously interactive. While the simplistic models conform well to Aristotelian logic, can the same be said about the evolution of the universe?

It became obvious to me that it was necessary to articulate and scrutinize the metaphysical foundations upon which science rests. Surprisingly little has been written about the foundational axioms of Enlightenment metaphysics, and so I followed the lead of my colleagues Bruce Weber and David Depew, who had articulated the basic postulates of Newtonian① science. These axioms conformed well to a world composed entirely of inert material objects acting according to timeless, symmetrical laws.

The metaphysical shift had to be away from the material objects and towards something more fundamental. Some physicists had realized the problem of basing everything on material and so now talk about "fields" as the primary elements of nature. But fields based on symmetrical laws are incapable of depicting intrinsic change. Rather one is interested in sequences of events over time, or what are called "processes". The discipline of process philosophy, developed primarily by Alfred North Whitehead and John Cobb, begins with events and processes as the fundamental elements of the universe.

Sequences of events usually evoke the metaphor of a pathway, and in a changing universe not all of the steps in the pathway are determinate. That is, it often happens that some events can result in multiple possible outcomes. Whence, the prevailing metaphor for a science based on process appears to be the network, which happened to have been the primary tool during my career as an ecologist that I used to describe whole ecosystems.

The conventional sense of a network is that it is a depiction of the constraints that hold a system together, and indeed they do depict such bonds. But at least some nodes in almost all networks of real systems are multiply - connected, meaning that at those points the system has some flexibility to act in different ways. Such flexibility is a lack of constraint. Flexibility is also absolutely required of any system for adaptation and persistence.

In Growth and Development I showed how the mathematics of information theory could be used to quantify both constraint and the lack of constraint in the same mathematical fashion. Thus, scientists now have the ability to quantitatively investigate the balance between the conventional positivist attributes of a system (its constraints) against its apophatic lack of the same attributes (flexibility). That such a balance is crucial to the sustainability of living systems has long been appreciated in the philosophies of both East and West. The Dao of Nature emphasizes the constant conversation between Yin and Yan. The Milesian school of Greek thought depicted the world as the outcome between building up Pand breaking down. Enlightenment science, however, remains largely blind to the crucial role of the apophatic in natural dynamics. It is like looking at the world with one eye shut.

A Third Window elaborates my attempt to fashion an axiomatic basis for this fuller dynamic. By considering how things change in contrast to how they remain the same, I was led to formulate three postulates for natural dynamics, each of which violates one of the axioms of En-

---

① Recent historical analysis has revealed that Newton did not entirely agree with many of the logical assumptions that since have come to bear his name <http://www.neutonus-reformatus.de/frameset.html>.

lightenment science. The assumptions culminate in a natural dialectic that accommodates evolution more fully than can the Enlightenment picture of unchanging objects moving according to universal laws.

A key element of the new framework is the notion of autocatalysis, or the ability of a system element to enhance its own operation via cooperation with other elements at the same scale. This phenomenon is excluded from discussion under the conventional metaphysic, which permits influences to act only from lower levels upon higher levels. Once autocatalysis enters the discussion, three other important attributes immediately follow: One is facultative selection, or the idea that participants in autocatalytic configurations will be augmented at the expense of non – participants. The second is "centripetality", or the result that participants in autocatalysis draw progressively more resources into their own orbit. The third follows directly upon the first two, namely, that new, elements can enter an autocatalytic configuration by accident and, if their action happens to improve overall autocatalysis better than an existing participant, the new actor will replace the less effective one.

Like the balance of Yin – Yan, these dynamical repertoires are foreign to the Enlightenment metaphysic as it is currently promulgated. The worldview in the wake of Newton portrayed all agencies as originating external to the system. With autocatalysis, however, causes behind structure – building and re – structuring can also arise from within the system.

As for Darwin, he originally did portray evolution as a balance between exponential growth and the elimination of actors by the external environment (natural selection). His intellectual scions, however, gradually muted any mention of growth and became preoccupied with the eliminative actions of natural selection. Presumably, growth was too inexplicable to discuss alongside the very obvious natural selection. But autocatalysis provides a proper foundation for the expansionist half of the evolutionary narrative and promises to restore Darwin's original natural dialectic. Still, Darwin's dialectic does not provide for rapid and significant changes that could define new types. Change always occurred incrementally. The dynamics of autocatalysis, by contrast, does permit the sudden emergence of radically new types and behaviors.

In all, the metaphysical approach of the process worldview presented in A Third Window differs quite radically from the perspective that has guided science over the past 300 years and which has spilled over into the cultural, economic and political world. The ecological metaphysic that is introduced here is a truly postmodern formulation, but one that balances the deconstruction of the Enlightenment synthesis with a constructivist approach that both retrieves ideas from antiquity and introduces contemporary new ideas.

Very importantly, the new framework also constitutes a bridge between ancient Eastern and Western ways of beholding nature. No one can deny that the minimalistic Enlightenment perspective did lead to amazing discoveries about our physical world and enormous technological advances. But a more penetrating understanding of the phenomenon of life and the vagaries of the social realm demands a deeper wisdom – a wisdom that draws more evenly from the global human experience. It is my profound hope that the process thinking presented in A Third Window will contribute in some small way toward a worldview that can be more evenly shared by most of the cultures on earth – a perspective that is capacious enough to foster the vision of a global unity that is sustained by a wide diversity of peoples.

For a third time, I am greatly indebted to Prof. Zhongmin Xu for his very significant labors in translating both my words and ideas into Chinese. Our correspondence over the course of translation will hopefully lead to collaboration that will put these abstract notions to work in solving concrete problems. In fact, Dr. Xu informs me that Prof. Chen Kegong has already applied developmental thinking in the city of Zhangye that is based on Chinese traditional culture and which accords well with the theory presented in this book. Dr. Zhong Fanglei, was most helpful in interpreting the development scenarios that transpired during the Zhangye experience. Dr. Xu received important help and support for the translation project from Prof. Cheng Guodong, the Director of the Geography Department in the Chinese National Science Foundation. Prof. Guodong also provided a fine example to Dr. Xu of how one behaves according to honored Chinese traditions. Dr. Xu was also ably assisted by Dr. Song Xiaoyu and Doctor candidate Cai Guoying, who translated a first draft of this book. Dr. Huang Jiali and Deng Xiaohong contributed earlier to the translation of Growth and Development: Ecosystems Phenomenology and Ecology, the Ascendent Perspective. I wish to add my appreciation to these individuals for their support and help to Dr. Xu in completing this ambitious project.

Robert E. Ulanowicz
Gainesville, Florida, USA
February 18, 2014

中文版序

我笃信根据系统网络可以描述生命系统中的变化,为此写了个三部曲,《第三窗口》是其中的收官之作。第一本书《增长与发展:生态系统现象学》中主要讨论的是揭示整个系统隐含特征的数学工具。同时,我也提到生态系统发生变化的主要原因并不是差不多得到公认的机械因。

在第二本书《上升性的生态视角》中,我转向阐述隐藏在整个生态系统变化背后的因果关系特征。在研究中发现,除了传统的自下而上的因果关系之外,还有其他的因果关系起作用,尤其是自催化过程,这一观点打破了只有物质因和机械因才能引发系统变化的传统思维。

现在,这两本书都有了中文版。就文中内容如何翻译,译者与我进行了大量的交流。在这一过程中,我意识到由于文化背景的不同,就同一问题东西方科技工作者的认识往往大相径庭,要想达成共识还需要深入沟通。一旦将问题上升到自然哲学的高度,讨论东西方文化的差异,其意义就更加深远。《第三窗口》讨论的就是这个主题。

在研究西方传统的科学哲学时,两个形而上学的问题引起了我的注意:

(1)在过去的300年中,科学在唯物主义范畴内迅速发展。无疑,从唯物主义的角度来研究自然的确有许多优势,但集中到物质上会产生一个重要的形而上学问题。在大爆炸发生30余万年后,中性的原子才出现在宇宙中。怎么能将科学的世界观建立在起初并不存在的物质(原子)上呢?

(2)自然作为一个系统是如何运行的?目前得到的大多数结论,其实都是基于一些松散的、同质的、弱相互作用的简单模型。但根据宇宙学的研究,宇宙肯定不是按照这种方式形成的。在宇宙演化过程中,起初宇宙的密度很高,并且充斥着强烈的相互作用。松散的、同质的、弱相互作用,这样简单的情形只是在近期才出现。尽管简单的模型符合亚里斯多德的逻辑,但适合用来分析宇宙的演化吗?

基于上述疑问,显然非常必要对科学的形而上学基础进行重新审视和分析。不可思议的是,就启蒙运动时期形而上学的基本原理,就是现在都还很少见到相关的科学论述。所以,我选择追随我同事 Bruce Weber 和 David Depew 的步伐,他们清楚地阐述了牛顿科学体系的基本假设①。惯性物质按照可逆的,对称的规律运动,在这样的世界中,牛顿的原理对这样的世界完全适用。

探讨形而上学的转变,则需要抛开物质转向更基础的事物。一些物理学家已经意识到从物质角度研究问题存在很大的局限性,因此他们引入了"场"的概念,并将场作为自然的基本成分。但是基于对称法则的场,依然无法描述内在的变化。更恰当的是用随时

① 近来相关的历史学研究表明,今天我们所指的牛顿科学其实大多是牛顿反对的 <http://www. neutonus - reformatus. de/frameset. html> 。

间变化的事件序列,或者是"过程"来描述。怀特海和 John Cobb 提出并发展的过程哲学,开始就将事件与过程作为宇宙的基本成分。

通常我们习惯于用路径来比喻事件序列。但在充满变化的宇宙中,路上的每一步并不都是确定的。也就是说,有些事件能引起多种结果。正因为如此,用网络来比喻科学,从过程的角度来看应该更恰当。有点巧合的是,在我的职业生涯中,网络是我描述整个生态系统的基本工具。

网络描述了系统中存在的约束力,这是对网络传统的认识,事实上相关研究证明也确实如此。但现实中几乎所有网络中的结点都存在多种连接方式,这意味着网络系统存在灵活性,也就是对外界干扰能以不同的方式响应。网络系统存在灵活性,说明系统约束存在缺失。任何系统要能适应外界的变化和持久地存在下去,是绝对需要这种灵活性的。

在《增长与发展》一书中,我说明了如何用信息论的数学方法来量化系统的约束力和灵活性,让人惊奇的是它们的数学形式非常相似。现在,相关的研究人员可以采用这种方法来定量研究系统的约束力和灵活性之间的平衡关系。对生命系统的可持续性来讲,这样的平衡非常有意义,这也是东西方哲学长期关注的热点问题。道教是东方传统思想的代表,它非常重视"阴"和"阳"之间永恒的转化关系。古希腊的米利都学派作为西方传统文化的代表,也将世界勾勒为系统是建立与打破两种作用力相互作用的结果。但是启蒙运动后的现代科学,始终用一元论的观点看待自然,忽略了灵活性的作用。简言之,科学好像是在这个世界上独眼前行。

正因为如此,我希望通过《第三窗口》塑造一种分析系统全景动态的基础理论。通过分析系统变化以及保持不变的原因,我提出了 3 种反映系统动态变化的基本原理。它们每一个都与现代科学的相关基本原理相违背。我所有的相关假设最终都可以统一到自然辩证法中,依此对演化的解释也要比现代科学根据普遍规律描述不变的分析对象更系统全面一些。

在新的理论框架中,核心概念是自催化,或系统内的组分通过与同层次上的其他组分合作,可以产生自我增强的促进作用。这不是传统的形而上学体系讨论的话题,因为它们只考虑系统中自下而上的影响。只要一开始讨论自催化环,就不难发现它具有 3 个重要的特征:其一,兼性选择,指自催化环的参与组分将会在消耗非参与组分的基础上得到增强;其二,向心力,指自催化环的参与组分可以吸收更多的外部资源;第三个特征是基于前两个特征得来的,指新组分由于偶然事件的影响才能成为自催化环上的组分,要是新组分改进自催化环的效率超过已有组分,它还能取代原有低效率的组分。

但在现代科学的拥趸眼中,这样的系统动态就和阴阳平衡的概念一样,对他们都是天方夜谭。牛顿的世界观认为只有系统外部的因素驱动系统变化,但是通过自催化环,也可以从系统内部找到系统变化(形成系统结构和系统重构)的原因。

起初,达尔文将演化描绘为种群数量的指数增长与外部环境剔除作用参与者(自然选择)之间的一种平衡。但是,他的追寻者后来慢慢忽略了增长,只全神贯注于自然选择的剔除作用。推测起来,这大概是因为增长比较难以说明,所以才选择比较明显的自然选择讨论。现在,自催化环为分析增长提供了一个合适的基础,从而给恢复达尔文最初的自然辩证观念带来了曙光。就是现在,达尔文的理论仍然不能解释引发新类型的一些迅速而重要的变化。它只能处理渐进发生的一些变化。然而,自催化环却可以对突然出现的一些新类型和行为给出合理的解释。

总之,本书提供的过程世界观与过去300年盛行于科学界,甚至渗透进了文化、经济和政治领域的世界观有本质的区别。在研究启蒙运动综合思想的时候存在解构主义和结构主义两种不同的方法,它们都对古代的思想进行了深入挖掘,并引入了当代的新思想。这里介绍的生态形而上学绝对是一种后现代论述,在两者之间取得了一种平衡。

值得强调的是,本书提供的新框架还可以作为中西方传统文化沟通的桥梁和纽带。毋庸置疑,现在采用的略显保守的科学视角,确实为我们带来了许多惊奇的发现,有力地促进了科技的进步。但是,如果要深刻理解生命现象和社会领域中反复无常的行为,那么我们需要更深层的智慧——需要充分利用全人类的经验。在世界各族人民之间构造一种全球统一的愿景,这需要一种能为不同的文化所均等分享的宏大的世界观,我真诚地希望《第三窗口》中所提倡的过程思想能在这方面发挥一点微薄的作用。

最后,在本书中文版即将付梓之际,我需要第三次对徐中民教授将我的工作和思想引入中国所付出的不懈努力表示深切的感激。我也希望,在翻译过程中我们之间的交流能进一步转化为亲密无间的合作,将书中抽象的概念付诸实践。事实上,徐中民教授告诉我,张掖市委书记陈克恭教授已将与中国传统文化一脉相承的书中理论运用到张掖的发展实践中去了。钟方雷博士在总结张掖的发展经验的工作中起到了重要的作用。同时,中国国家自然基金委员会地学部主任程国栋院士为这一系列的翻译工作提供了鼎力支持,程国栋先生的日常行为举止也为他理解中国传统文化提供了鲜活的事例。宋晓谕博士和蔡国英博士生翻译了本书的初稿,黄茄莉博士和邓晓红博士在协助翻译《增长与发展:生态系统现象学》和《上升性的生态视角》的过程中付出了艰辛的劳动。在这里,我需要对上述诸位对徐中民教授将我的三部曲系统介绍到中国所付出的努力表示诚挚的感谢。

Robert E. Ulanowicz
Gainesville, Florida, USA
2014年2月18日

译　序

苏轼在《诗颂》中说:“冲口出常言,法度去前规。人言非妙处,妙处在于是[①]。”讲的是诗词创作不能因袭前人的套路,而要有合乎自己表情达意的方法,不管是诗文还是书画都要“随物赋形”,符合事物本身的特点。对诗词创作来讲是这样,科学研究又何尝不是如此。“团团如磨牛,步步踏陈迹”当然为创新者所不耻,但“敢想敢干,开拓创新”也不是没有难度的,而且科研人员即使能弄出创新性成果,但离社会的接受,甚至是同行的接受都还有很长的一段距离。是啊,人有才能不难,难是难把自己的才能发挥出来。Ulanowicz的三部曲,以及其目前在学术界的处境就是对上述论述的一种证明。

《第三窗口》是 Ulanowicz 三部曲的收官之作,已从开始《增长与发展》中关于上升性的数学论述走到了现在的过程生态。细心的读者可能会发现,Ulanowicz 的三部曲其实已经悄悄地搭建起了中西方文化沟通的桥梁,而这一切都若隐若现地体现在《第三窗口》中。这里我们抛开书中的内容,简要谈一下对其建立的文化沟通桥梁的理解。

首先是 Ulanowicz 的自催化环。Ulanowicz 抛弃牛顿还原论的世界观,对达尔文的进化论进行扩展。达尔文理论现在强调的是个体竞争的自然选择,而对增长的内容有所忽略,尽管达尔文开始时也曾强调增长。Ulanowicz 论述的自催化环很好地弥补了达尔文理论的不足之处,他充分考虑了个体之间通过合作形成的自催化(正反馈)环。认为自催化环会产生一种吸收周围资源的向心力,从而将个体之间的竞争转化成集体之间的竞争。如此就可以很自然地形成个体竞争—个体合作—集体竞争的链条,完成竞争的尺度转换。在此同时,他利用网络分析方法,采用信息论技术开发出了上升性(效率)的指标,综合反映了系统的增长和发展。显然,要在工作和生活中看到我们做事对自己的反馈影响,尤其是间接反馈影响,这需要我们有长远的眼光。

其次,也是更重要的控制。Ulanowicz 揭示的隐含在自化环中的适应力或恢复力,这从机理上证实了这个世界就是两种对立作用力作用的结果。他对效率和恢复力此消彼长的辩证分析与我国传统文化中的阴阳平衡非常相似,提醒我们做人做事要有自制,不能过。俗话说,刀子磨得太快,用起来是顺手,但容易断。但我们经常过于追求效率而忽视了恢复力的存在。为什么会这样呢?这源于我们总是看大自己,认为自己做的事情是正确的。霍布斯认为这种社会常态其实是这个世界上资源分配最公平的一种反映,是啊!这个世上还有什么比上天给我们的智慧更能让人人都满意的呢。但是,就是这种公平分配的背后其实还隐含着一种反方向的作用力,也可以称为我们行动过度后会面对的陷阱。Ulanowicz 从机理上证实了它恢复力的存在。实际上每天我们都要接受两种对抗趋势力的作用,只是我们不知不觉地都包容了它们,我们白天工作,晚上睡觉就是一个最典型的

---

① 周紫芝《竹坡诗话》中为:“冲口出常言,法度法前轨。人言非妙处,妙处在于是。”讲的是作诗需追求平淡,于平淡中见神奇。另文中的说法现在也很常见,请读者注意甄别。

例子。试想,对完全相反的作用力都能容忍,那对周围并不碍事的生态系统还有什么不能容忍的呢? 生态系统的存在只是帮助我们意识到生活的潜力罢啦。如果这样想,我们就可以更好地理解深层生态学中的自我实现,生态中心主义也就不再是一句空话。任继愈先生说得好,所谓宽容,其实是要能宽容那些一直反对自己的人。要能控制,说明我们需要有开阔的胸襟,这种能力其实我们原本就有,只是没有意识到而已。

最后,是我国传统文化讲的道。能看到自催化环的存在,说明我们眼大了一点;能控制,说明我们心大了一点。眼大一点,心大一点,这就是《生态经济学集成研究框架》中总结的寻美和求道的路径,这与 Ulanowicz 的《第三窗口》一样,也已悄悄转向重视过程。如果我们在发展过程中能争取做到心大一点,眼大一点,也就是在逐渐逼近道的状态。道包含的内容很多,生活中遇到问题有人教我们要顺其自然的时候,我们往往不知所措。内容太多了难以掌握,所以还不如反其道而行之。先从人类行为的基本规律着手,我们所有的行为无非是想自己发展壮大。与其他个体一起形成自催化环,发挥其自我增强作用,这显然是首选模式,也符合上升性增加原理。接着要做的是识别上升性增加模式背后存在的陷阱,在发展时注意使系统处于活力区间中,不崩溃即可。

大道至简,一阴一阳而已。Ulanowicz 从西方的个人主义(重视个体之间的竞争)开始,从机理上揭示了一阴(恢复力)一阳(效率)的存在,辨析了它们之间的相互转化关系,并分析了系统要可持续的存在,必须让系统处于一种活力区间(即有效率又有恢复力)中,这非常类似于老子的"阴阳对冲以为和",已经彻底地转向了东方整体的世界观。如此,可知道 Ulanowicz 构建起了一座中西方文化沟通的桥梁。

本书的出版,除署名的译校者外,还有许多默默做出贡献的人和机构需要感谢。黄河水利出版社的余甫坤编辑不厌其烦,协助我们反复修订;何颖美编漂亮的封面设计,为本书增色不少;当然,Ulanowicz 一如既往地耐心回答我们提出的问题,对确保本书的质量功不可灭。另外,本书的出版得到了国家自然科学重点基金项目"黑河流域中游水 - 生态 - 经济综合模型研究"(No. 91125019)的资助,也在此表示感谢。

本书内容涉及面广,尽管我们已竭尽全力,但书中疏漏肯定比比皆是。最后,恳请您在阅读的同时能不吝指正。

徐中民
2014 年 2 月 25 日

前　言

开放的世界

Robert Ulanowicz 写了一本重要的书。书中的内容尽管会有争议,但可以肯定它具有改造我们思想的潜力。Ulanowicz 的工作确实值得赞美,但我在序言中并没有这样做,而是简单勾勒了他的核心论点,并在广泛的背景下讨论了我俩观点的异同。殊途同归,我俩的观点其实是一致的。我也认为,要补充或增强简化论需要一种激进的后简化论思想。这确实可能有点危言耸听。

简化论为我们理解现实世界开了两扇窗。牛顿的世界观以及他提出的在时间上可逆的规律,这为我们打开了第一扇窗,达尔文引入的历史演化观念打开了第二扇窗。从《第三窗口》的核心理念来看,它是在寻求一种途径超越传统的两扇窗,因而提出了基于过程生态学的第三窗口。Ulanowicz 得出的主要结论有:第一,与哲学家波普尔一样,他提倡放宽严格的因果关系概念,转而采用更具普遍意义的"倾向"概念。而且认为在生物学领域中,倾向比任何稳固的因果关系能更好地描述现实世界。在第三窗口中,最具有革命性的观念是时空组织中存在"因果关系漏洞",Ulanowicz 用自然机会,偶然性取代了因果关系。他的观点主要有两种来源,一是罗素和怀特海,二是 Walter Elsasser,玻尔的关门弟子之一。罗素和怀特海都认为,只有基于同质的类型,比如同样的电子集合,才能得出自然规律。Elsasser 支持有机体异质组合的唯一性。在宇宙的历史中,Elsasser 根据唯一性和异质性,认为有机体的异质特性只会出现一次。Ulanowicz 认为,因果关系对这样的环境并不适用,更适用的是倾向。缺乏因果关系产生的严重后果是,没有自然法则能描述偶然发生的具有唯一性的组合事件。因此,逐渐被揭示的宇宙并不能完全由自然法则来描述。这个观点是第三窗口的基石,也是 Ulanowicz 最具革命性的观点。《第三窗口》最后的核心论点是以普通的"自催化"或互利共生为基础的,而且过程取代了目标对象为研究中心。过程 A 支持过程 B,反过来过程 B 也支持过程 A,这是现实混合过程中最简单的自催化例子。一般而言,更丰富的过程体系也可以是"自催化"或互利共生的。这样的过程体系能够从上向下演化,其中,A 被 A′替代,新过程 A′比原过程 A 更有助于过程 B。这里,因果关系是自上向下的,不是简化论者坚持的自下而上的。在互利共生的循环中 A′替代 A,是因为含 A′的循环圈比含 A 的循环圈更有效,达尔文的自然选择最终会选择含 A′的循环圈。

通过上面的简短描述,可知第三窗口提供了研究生物世界的一种新视角,这种视角超出了自然法则的研究范畴。这里,因果关系无法解释面对的独特的组合多样性和偶然性;而是与自下而上的突变一样,是自催化系统中自上而下的组织结构通过选择促进了生态系统和生物圈的演化。因此,第三窗口是研究生物世界的一种全新视野。

我并不是很相信 Elsasser 和 Ulanowicz 论及的自然机会和偶然性，但下面我尝试将 Ulanowicz 富有想象力的工作置于一种更广泛的支持第三窗口的框架中来讨论。当然作者优先，由此我把问题置于所谓的“开放宇宙”框架下。与 Ulanowicz 一样，我的基本观点是自然法则无法充分描述已经揭示的宇宙，我在拙著《科学新领域的探索》和《神的重铸》中都讨论过这一论点。

如果知道宇宙中所有粒子的位置和动量，运用牛顿的时间可逆法则，拉普拉斯和他著名的精灵就能够计算出整个宇宙的过去和未来的状态。这也许是简化论最简单的论点。如果将领域扩充到现代物理和当代的还原论，包括量子场论、标准模型、广义相对论等，问题就会复杂很多。比如，诺贝尔奖获得者 Stephen Weinberg 就认为，解释的方向是从上向下的，从社会到人，接着到器官、细胞，然后到生物化学、化学，最终到物理。在最近的一次交流中，温伯格告诉我，他并不关心物理规律对事件的预测能力，他关心的是世间百态背后起作用的物理规律。

拉普拉斯简化论的几个特征需要强调：1）世界是确定性的——一个世纪后才受到了量子力学、标准的哥本哈根解释和玻恩法则的质疑。2）世界上真正存在的只有运动的粒子。谋杀犯也不过是运动的粒子。3）现实世界中所有揭示的事情都可以用自然法则来描述。4）至少有一种语言可充分描述所有的现实世界——如牛顿理论和真空中的原子。5）时空结构中不存在因果漏洞。

我认为上述前 3 个特征都是错误的，并正在研究其他特征的不足之处。

我在《神的重铸》中提到过，诺贝尔物理学奖获得者 Philip Anderson 和 Robert Laughlin 等都怀疑简化论解释事情是否充分，现在他们都开始支持研究涌现的新事物。我也认为生物学不可还原为物理学。给定心脏的所有属性特性，即使温伯格能够利用物理规律推演出所有的特征，但他回答不了达尔文的问题，即心脏的作用主要是泵出血液，并将血液运送到身体的各个部分。心脏本身是一个复杂的器官，因其能泵出血液从而能完成一系列复杂的过程。大体上，Weinberg 可以推断出心脏所有的特性，但是指不出主要的泵血功能。相反，达尔文告诉我们，心脏是被选择用来泵血的。心脏是怎么来的？我认为，温伯格推演不出也模拟不了。另外，即使对充满物理规律的心脏，要讲清楚它有什么意义也不容易。

下面，我采取与 Elsasser 和 Ulanowicz 处理独特异质性事件相似的一步。蛋白质分子是由 20 种氨基酸按不同的编码形式组成的，对长度为 200 的蛋白质分子，那总共就会有 20^{200} 或 10^{260} 种蛋白质类型。现在宇宙中估计的粒子数是 10^{80}，在任意时刻发生碰撞的最大数目是粒子数的平方（10^{160}），目前最快的时标是普朗克时标（10^{-43} 秒），自大爆炸以来宇宙的寿命是 10^{18} 秒（约 140 亿年），这就是说自宇宙诞生以来，即使按最快的普朗克时标计算，宇宙中总共也只能创造 10^{221} 个长为 200 的蛋白质。要创造所有的蛋白质类型，那也还需要 10^{39} 倍于当前宇宙寿命的时间。因此，上面阐明的原子世界极不可能重复，或是非遍历的。由复杂的分子、有机体、社会系统组成的这个世界处在一种独特的轨迹上，在复杂性方面具有明显的不确定特征。当可能的空间远大于实际空间时，分析就需要考虑历史的影响。

接下来，我们考虑达尔文的预先适应。达尔文提到，在当前的选择环境中有机体没有使用的特性,在不同的选择环境中可能发挥作用成为新功能。举例来说,某些鱼类有鱼鳔,其中水和空气的状态可以起到调整水柱中浮力的作用。古生物学家认为鱼鳔是从肺鱼进化而来的。当水进入鱼的肺中后,就会产生含有水和空气的囊,成为鱼鳔起到平衡作用。随后,生物圈中的选择作用选择了这种新功能。现在,这种新功能已经出现在生物圈中。重要的是,伴随新物种、新蛋白质和新分子产生的新功能,在生物圈的进一步进化中会产生一系列后果。现在转向我的主要问题。我们能预先说,所有有机体达尔文式的预先适应现在都存在吗?还是只适合人类?答案明显是"不"。对人类或其他进化生物所有的达尔文式预先适应,我们不可能提前声明。部分问题应该是这样的,针对被选择作为新功能的预先适应,我们如何提前声明选择条件?我们又如何提前指定组成有机体预先适应的各个部分?然而,这种预先适应在生物圈演化的各个时段都有。接下来引入生物圈"邻近区域"的想法。一旦存在肺鱼,鱼鳔就处于生物圈的邻近区域内。如果周围不存在多细胞生物,鱼鳔就没有处于生物圈的邻近区域内。这么说来,我们不能提前指定生物圈的邻近区域。

根据上面的分析,我们可以得出一些非常有用的推论。表面上这些推论与 Ulanowicz 部分离经叛道的论点不同,其实是完全一致的。第一,根据达尔文的预先适应,我们不可能说清楚生物圈的进化过程。掷硬币 10000 次,硬币正面出现的次数可能是 5000 次,符合二项式概率分布。但是需要注意的是,如果提前说明掷 10000 次硬币的结果,可能有全是正面,全是背面等结果。我们提前声明的是所有可能结果的"样本空间",据此可以构造样本空间的概率分布。但是,对达尔文的预先适应,我们没有做任何概率说明,因为我们不可能预先指定生物圈邻近的样本空间。

现在请注意,尽管上面的分析采用的与 Ulanowicz 的方法不同,但殊途同归,我们已经接近他所宣称的自然机会、偶然性。产生达尔文的预先适应只能被赋予零概率。与 Ulanowicz 的论点不同,这里的讨论并没有依赖时空结构中的因果漏洞。另外,这里的讨论也没有依靠 Elsasser 独特的组合异质性,尽管他的研究在原子水平上的非遍历世界里产生了很大的影响。尽管如此,但我的上述观点并没有排除 Ulanowicz 所称的时空结构中存在因果漏洞。

接下来要问的是:自然规律能充分描述鱼鳔的进化吗?如果像 Murray Gell - Mann 所言,讲到自然规律,我们是指对过程的规律性进行一种简洁的描述,那么我们可能找不到足够的理论来说明鱼鳔的出现。鱼鳔是否会出现,我们所知甚少,当然它们出现的概率就更不用说,既然如此又怎能找到它们出现的规律呢?请注意,Ulanowicz 认为规律并不足以描述生物圈的演化,我们已经通过不同的途径悄悄地汇合到了一起。

无论是 Ulanowicz 的观点还是我上面讨论的理念,都有点背离常规,这 Ulanowicz 也注意到了。首先,诸如蜂鸟和花朵等存在的复杂事物都成了问题。如果 Weinberg 是正确的,那就是物理规律引起了蜂鸟和花朵的进化。但很显然不是这么回事,蜂鸟和花朵的存在也不能这样解释。但是,蜂鸟传授花粉给花,并以花蜜为食。针对这类非遍历世界中的存在物,似乎根本就没有办法用物理规律来解释。因此,在开放的世界中,通过这里的讨论或类似的第三窗口中的讨论,蜂鸟和花的存在需要一种与简化论完全不同的解释。就这个问题,Ulanowicz 和我都想到了自催化的互利共生。因此,花和蜂鸟存在是因为,蜂鸟以花蜜为食,在采花蜜的过程中,花粉会粘到蜂鸟的嘴上。当蜂鸟携带花粉到下一朵花上采食花蜜时,花粉会因磨擦而沾在花的雄蕊上,就是这样靠蜂鸟完成了花之间的传粉过程。如果蜂鸟嘴在接触下一朵花之前,花粉全都掉落了,当然就不会存在传粉过程。鸟嘴沾上花粉,这多少带点浪漫色彩。但正因为如此,花和蜂鸟才出现在现实世界里。当然,那些腿上多毛的昆虫也可以完成蜂鸟的工作,它们也能传粉。尽管如此,这里需要强调的是,我们是通过这种互利共生解释的花和蜂鸟的存在。这种因果关系的箭头不会向下指向粒子物理学,而是向上指向了互利共生和自然选择。正如 Ulanowicz 明确指出的,这是向下的因果关系。

面对部分世界中明显无规律可循的现象,看来确实需要从根本上改变我们对现实的解释方式。复杂有机体存在本身并不能用自下而上的方式解释,但至少可以部分通过 Ulanowicz 和我从不同角度得出的互利共生来解释。事实上,给定阳光、其他的自由能来源,以及某些简单的化学过程,整个生物圈充满了广泛的互利共生行为,比如食物网等。另外,物理学本身也在变化,由于有机体可以改变生物圈,最终也将改变我们的星球,因此也将改变太阳系及银河系的运行轨迹。如果是这样的话,Weinberg 的最终理论不可能是自然界进化的最终理论,即使在物理世界中也算不上。

上面的讨论引出了一大堆新问题。根据上面的解释,我们怎么证明没有规律足以描述达尔文的预先适应?我们如何证明 Ulanowicz 和 Elsasser 时空结构中存在因果关系漏洞,以及按这种推理方式存在运气成分?就作者和我的观点来看,我们是在朝后简化主义的方向前进,我们的目标并不是想取代简化论,而是以一种不同的方式来增强或改变简化论。因此,我们谈论的互利共生是怎么存在的?这些有机体或它们的经济和文化相似物存在的条件有什么?通常互利共生伙伴的协调行为是需要的,但在进化中又是怎样产生这样的协调特性和行为的呢?是不是存在一些原理,这些原理可以提高演化有机体的能力或提供经济商品和服务的能力,能更好地发挥相互之间的互补作用呢?互利共生是非零和博弈。当生物或经济系统向前演化时,物种或商品的多样性就会增加,在生物圈或经济系统的邻近区域内,创立新的生态位是不是比创立新的物种或商品的速度更快呢?多样性驱动增加多样性。新物种或商品复杂特征增加,是不是可以增加演化过程中参与者双赢的机会,比如生物圈增加有组织过程总的多样性是否可以成为一种通常的趋势呢?对生物圈这样的开放的自我构造系统,我的希望是能提出“热力学第四定律”。

在序言中,我主要讨论了几个自己的观点,这些观点与第三窗口一样,都说明我们需要一种后简化主义的科学。为此开始需要做的事情显然多如牛毛,尽管第三窗口和我的理念只能算是其中的九牛一毛,但我们提出了新的问题。正如我在序言开始时所言,《第三窗口》是一本富有想象力,背离常规,且具有潜在改造我们思想作用的一本书。感谢 Robert Ulanowicz 的宽容、聪慧、诚实和慷慨,让我们能分享到他的观点。这本书已经开始为我们揭开第三窗口的面纱,下面让我们一起欣赏其中的如画美景吧。

Stuart A. Kauffman

2008 年 10 月 2 日

序

如果看待世界过于乐观,就可能无法分清真伪。

——Oliver Penrose《不对称的世界》

一种新范式是由什么构成的?有谁想过这样的事情呢。

我的朋友 Henry Rosemont,在我们实验室的科学哲学课上向研究生提出了这样的一个问题。当时,我刚好完成了《上升性的生态视角》,而且还自我感觉良好,认为它为学生们描述了生态系统科学提供的有关自然界的新视角。Henry 的问题让我思绪良久,可谓感概万千。说实在的,最初我感觉很恼火。怎么没有人讨论范式是由什么构成的呢?我只是不喜欢滥用库恩的范式一词而已。但是,很快一丝喜悦就掠过心头。Rosemont 这样说可能说明我没有将问题阐述清楚,上升性的生态视角可能可以改变我们的世界观,它有广泛的应用前景啊。Jørgensen 等(2007)认为,生态系统科学也许真的提供了一种研究自然的新视角。Arne Naess(1988)不是也认为,“深层生态学”以一种深奥和难以言喻的方式影响着人们的生活和世界观。尽管我也相信超自然因素的作用,但是我觉得,科学家们在难以言喻的自然现象面前,需要竭尽全力,不能轻言放弃。

因此,Henry 的问题启示我,生态理念可能是一种新的范式。坦诚地说,几十年来,我一直怀有这样的雄心——开发一种描述现实的新方法。但我至今还从未产生过 Stuart Kauffman《宇宙为家》传递的那种感觉,一切还好像是那样可望而不可及。事实上,寻找如何构造描述自然的方法,我已经为之付出了 45 年的光阴。就是那次决定我职业生涯走向的碰面,至今我都还记忆犹新。

我在霍普金斯大学主修的是工程学。我的高中教育也以紧张集中的技术课程为主。有一天,我突然产生了游猎一下专业外知识的想法。就这样我的双脚踏进了哲学教室。现在看来,哲学给我提出的挑战,从很多方面都超出了我当时的想象。

讲入门课的教授是当时美国哲学协会的主席,他课讲得好,名气也很大。一上课,他就开始给我“剥洋葱”——他喜欢的一种对人类特性的比喻。他认为,人犹如一个洋葱。从外面看,在中心有一个核。研究“独特人群”的特性层,也可以依次从表面剥离特征层。但是,如果一直剥下去,一个人最后会发现并没有核。他的这个例子和其他唯名论和唯实论的例子,将我以前的想法一扫而空。对一个 18 岁,习惯逻辑思维,以前没有什么人文科学基础的新生来讲,能提供什么反驳呢?

尽管我没有为自己辩护,但却很难接受呈现在面前的这张形而上学图片。当时,我深受副现象理念的影响。副现象理念认为,在生命领域中,像选择和意图这样的高级特征都只是大脑活动作用的副现象。电影屏幕上的榜样就与副现象一样,很多时候都只是人们的幻想,脱离了生活的实际。很快我就将形而上学与副现象等同起来。当时,我想做的是研究那些改变自然世界的真实作用力,对不考虑这些作用力的形而上学,我根本不相信。

形而上学的问题,迅速就被我置诸脑后。现在回想起来,将形而上学纳入分析框架,给出一种完全的科学解释,这样的事情我想都没有想过。现在看来,当时确实懒散,一点都不想动脑筋。

我发现自己学的很多观点与流行的世界观并不一致,慢慢地开始不满足于所学的知识。开始的时候,我很迷恋物质特性这样的化学工程课。系里讲的这门课程主要就是统计力学——如何从分子组分的分布来估计热力学函数和物质特性,比如内能、粘滞度和比热等。物质在微观尺度上行为杂乱无章,而在宏观尺度上却行为有序,这确实让我感到非常惊讶。在第1章中我会强调,整个19世纪中叶,新生的热力学对科学思想产生了巨大的挑战。普里高津(1945)认为,过程的任意组合,结果都是朝最小化熵生产率的方向演变,也就是无序的方向演变。这一结论尤其激发了我的兴趣。单个过程在更大尺度上的响应是否也具有某种必然性呢?

积累各种观测是一种解决问题的方法,但是这样做并不能解决核心问题—各个独立部分是如何形成整体的。面对这个问题,我有点束手无策,思路也不连贯,显得有点杂乱无章。幸运的是,20世纪70年代后期,我找到了问题的焦点。我的研究方向从化学工程转到生态学,目的是尝试去改编化学动力学的机械模型,以便可以模拟生态系统。记得当时曾产生了不畏一切险阻攀登科学高峰的豪情,这一幕我还记忆犹新。当我独立在实验室的研究码头上,眺望Patuxent海湾时,心想,"如果我能测量所有的生物参数,如桡脚类动物摄取食物的速率,沉积速率,水藻的固碳速率等,那么我就能够构建一个模型,根据这个模型可以知道河口的生态系统将对任意组合的环境条件作出怎样的响应。"不幸的是,我根本构建不了一个这样的模型。我构造的一些简单机械模型,它们的结果让我非常沮丧,令我非常不满意。尽管如此,但我肯定不是一个孤独的漫步者,因为还很少有生态系统模型方面成功的案例。因此,当贝德福德(Bedford)研究所的Trevor Platt邀请我加入海洋研究科学委员会(准确的说是工作组59)资助的建模工作时,一想到可以与一群志同道合,而且又有同样失败经验的同事一起做自己喜欢的工作,还有什么比这更让人愉悦的呢,我二话没说爽快地就答应啦。

对以简单过程为基础的模型的效果,工作组59的成员都觉得能令人满意。但对多过程耦合生态模型的效果,开始大家是莫衷一是,但很快达成一致意见,就是多过程生态模型总容易出错(Platt、Mann和Ulanowicz,1981)。而且,工作组成员认为,评估种群的存量已花费太多的精力,但过程和流量的速率测量却没有引起足够的重视。就此,工作组给出了一个重要的建议,将生物海洋学的研究重点转向,从描述对象和估计对象的存量转向分类单元之间的转换和流量的测定上。通过与工作组中的同事交流,我的研究方向从研究客体转向到探索客体间的相互作用关系上。

在阅读工作组的报告熟悉工作背景时,我碰到了两篇运用信息论来研究生态组织的创造性论文(Atlan,1974;Rutledge,Basorre和Mulholland,1976)。也许是机缘巧合,两篇论文都涉及到了生态系统结构的"平均相互信息"(AMI)这个概念。AMI实质上测量的是系统的组织状况或系统的关系结构,在正文中将有详述。吉布斯-亥姆霍兹自由能是一个热力学量,它测量的是系统的做功能力,平均相互信息的数学形式与它非常相似(Schroeder,2000)。问题是,AMI是源自信息论,没有物理量钢,不能表征测量系统的大小。为了与热力学的概念保持一致,需要赋予 AMI 功的量纲。也许,对此最简单的处理方法就是用生态系统内的总活动量(所有流量的总和)来标度(乘)AMI。

这样推导的结果我称之为系统的上升性。为什么这么取名呢?因为新构造的指标反映了系统使自己和周围环境有序的能力。在随后的两周内,沿这个方向我检测了该指标模拟系统组织各方面的性能情况。令人惊喜的是,该指标可以很好地涵盖 Odum(1969)测量成熟或发展的生态系统的所有主要属性。也就是说,上升性定量地描述了生态系统的增长和发展。后来,我公式化了一个现象学声明,通过这个公式,我将自己累积的有点离经判道的观测结果统一在了一起。

对以上升性增加表现出来的生态系统发展,不久我就意识到,从生态系统的单个组分开始是不能全面解释的。慢慢地我逐渐明了,与热力学第二定律一样,上升性增加原则是对传统的机械世界观的直接挑战。我的热力学知识使我注意到这样的一个事实,当现象和理论冲突时,通常要修改的都是理论。这种状况要一直延续,直到找到另外的理由来支持新的理论。在没有构想出一个一致的理论来阐明上升性的时候,我保守地主要以现象学术语来介绍自己的发现。我的第一本书《增长与发展》可以为证,它的副标题就是生态系统现象学(Ulanowicz, 1986)。在这本书中,我详细阐述了许多分析生态系统网络的数学方法。

大多数生物学家都轻视现象学,这么讲还是轻的,事实上可以用鄙视来形容。另外,《增长与发展》里面数学公式比较多。可能是由于这两个原因,《增长与发展》难入生态学家的法眼。因此,进一步探讨上升性增加背后的原因,以及将文稿写得通俗易懂一些,而不是将它弄成数学文稿,就成了我义不容辞的责任。十年后出版的《上升性的生态视角》就是我持续努力的结果(Ulanowicz,1997)。该书的题目有意采用了双关语,同时也暗示了我越来越认为,用生态学来解读世界与现在流行的世界观存在根本的差异。需要提及的是,我的思想形成主要受益于 Rosemont,另外还分享了奥德姆(1977)、Bateson(1972)和 Naess(1988)的思想。

在《上升性的生态视角》中,我着重强调了自催化行为的非机械属性,这也是我设想的增加上升性的主要来源。但上升性与我们所知的基本科学假设是不一致的,这我并没有在书中直接说明。

在写《上升性的生态视角》的时候,我开始探讨是哪些假设构成了科学的基础。我发现,在牛顿《原理》问世后的一个世纪内,这些公理就已出现。这些公理能大范围的传播,得益于牛顿提出力学定律的方式。有点讽刺的是,这并不是牛顿本人的信仰。从 19 世纪早期,这些公理的流行达到颠峰。随后,牛顿世界观受到了热力学、进化论、相对论和量子物理的挑战,它今天的状态已经可以用衣衫褴褛来形容。但是,现在仍有很多生物学家守着那几块破布,负隅顽抗,正文中对此会有详细的讨论。而且,绝大多数科学家们对科学的根基漠不关心,仅仅是将这些侵蚀视为后现代主义、解构主义发展的必然结果。也就是说,很少有人想过去替换陈旧的牛顿思想。还有很多人似乎满足于让技术进步顺其自然的发展,尽管知道这是从形而上学中提炼出的一种不切实际的观念。

一个回避这种冷漠的学派构成了后现代结构主义(Griffin,1996),其中也包括我在内。与通常的后现代主义者一样,这个分支学派迷信现代综合的偶然性。然而,结构主义者认为,如果将牛顿时代的残余物,古老的理念和当代的一些激进思想随便混杂起来,就可以夯实科学的根基。我对该流派的了解是在佐治亚大学访问期间,当时我遇到了 Frederick Ferre,他是后现代结构主义有名的倡导者之一。对我影响更大的可能是这次访问中与美国生态学之父 Eugene Odum 的会面。在碰面的前一天,我正好讲了一堂关于牛顿假设的综述课。第二天早上,在与 Odum 共进早餐之后,他让我在一张纸的一边列出牛顿原则。之后,他要我在纸的右边对应列出系统生态学家是如何看待这些原则的。他确信生态学看待世界的方式与牛顿的截然不同,从此这种观念深入我心,可称得上根深蒂固。

在 Walter Elsasser、Robert Rosen 和 Gregory Bateson 等思想者的帮助下,还有与大量朋友及同事的合作交流,我越来越确信,生态系统的发展过程违背了牛顿世界观中的五个基本假设。后来,我写了一篇"生态的形而上学"的文章,在文中对传统原则逐一进行了颠覆性评论(Ulanowicz,1999a)。不幸的是,整个解构主义方法违背了后现代结构主义的思想。为了让事情回归正确的轨道,随后的几个月,我尽力以一种浅显易懂的方式去阐释这些基础,将推演增加上升性的情景限制在最小范围内。

读者可以注意这些事件的后果:开始,我只是想研究一下与正统相异的世界观。尽管这些不符合常规的例子很有意思,但开始并没有找到一个一致的框架来统一它们。直到偶然发现了增加网络的上升性这样的现象学原则,我才找到了统一古代的、现代的和当代的各种思想的关键点。我希望,随后的叙述能让 Gene Odum 等为之奋斗了大半个世纪的生态学家满意。

我经历的苦恼,妻子 Marijka 有一个形象的比喻。她说那是我舒适贝壳中掺入的一粒沙。多年来,我以之为核,分泌珍珠质,把沙粒层层裹住,慢慢地形成了一颗珍珠。我是工程师出身,以前我想得更多的是网络,并将增加上升性比拟成偶然发现的大河在三角州上的支流,就与我从办公室的窗外发现了一些新东西一样。多年来,我一直努力从支流溯源而上,以求探幽索隐。接下来,我将陈述颠倒过来,从源头开始与读者一起顺藤摸瓜,探寻源头和支流之间的树枝状逻辑。随后的论述是否完整,相比以前的世界观,是否生态学提供了一种更一致的、涵盖范围更广的视野,就留给读者来评判吧。

写本书是一个漫长而枯燥的过程,而且必须从大量的繁杂事物中抽出身来。因此,我首先需要感谢 Chesapeake 生物实验室的两位负责人,即前任 Kenneth Tenore 和现任 Margaret Palmer,当我将主要精力投入本书的写作中时,为了让我能安心写作,他们不仅延长了我的写作时间,还让人承担了我对实验室应尽的一些义务。回首这些年,我也要感激已故的 Eugene Cronin 和现在的同事 Joseph Mihursky,他们相信我能应付从工程学到生态学的转变。已故的 Bengt - Owe Jansson,他给我提供了很多机会,让我能向很多重要人物宣讲我慢慢形成的理论。Robert Christian、James Coffman、Daniel Fiscus、Sven Erik Jørgensen、Alicia Juarrero、Stuart Kauffman,还有一位牛津大学出版社邀请的匿名评论家,他们评论了本书的初稿。就具体的写作来说,有几位同事提供了很好的建议,对帮助修改书中一些具体段落很有帮助。他们是 Eric Chaisson、Philip Clayton、Sally Goerner、Steven Nachmanovitch、Thomas Robertson 和 Philip Welsby。对那些关心和帮助过我的同事,他们提供了很多对本书有用的文献,这我在参考文献中已尽量引用。还有很多同事对我最近的研究工作提供了很多间接帮助,因与本书的内容没有直接联系,在书中没有提及,但这并不是说他们的帮助无足轻重。他们是 Luis Abarca - Arenas、Francisco Arreguin - Sanchez、Andrea Belgrano、Antonio Bodini、Ralph、Mary Dwan、Sheila Heymans、Daniel Hoffmann、Thomas Nadeau、Joanna Patricio、James Proctor、Ursula Scharler、Charles Sing 和 Frederik Wulff。总之,上面这些朋友和同事,对他们的想法和永恒的友谊,在此深表谢意。值得说明的是,上面提到的朋友中就有几位根本不认同我的结论,书中的不足当然与他们无关,都应该由我自己负责。

按照惯例,最后都是感谢自己的配偶。这些年来,我的妻子 Marijka 除在精神上给予支持和帮助外,她实际上还是本书的一位真正的合作者。她对我要阐述的主要方向了如指掌,而且还不时能建议我采用一些新方法。她经常提醒我,文章要写得通俗易懂,不要只是像工程师那样弄几个干巴巴的公式,搞得文章一点也不生动,可以通过举些生动的例子来弥补自己的不足。这些年来,她无私的爱、默默的奉献、虚怀若谷的心胸显然是本书能够付梓的保障,对此的感激显然不是只言片语能表达的。

到了结束前言的时候啦,我抬头仰望未来。确实,我们还难以理解面前的复杂性,在很大程度上,是那些老的基础性假设造成的这种状况。我觉得本书可以帮助缩小主流假设与现实之间的差距,希望读者不要将之当成狂人乱语。我完全清楚自己的努力可能产生的后果,但是我希望自己的思想能有助于缓和人类与人类自己的求知欲之间的矛盾,正因为这一点才使我不能停步。

最后说一点我特别关心的事情,在未来的压力或突发事件面前,我们的子孙后代怎样应付。俗话说,父爱如山。因此,我满怀希望将本书题献给我的孩子 Anastasia、Peter 和 Vera。

目 录

1 引 言

“如果我是对的，那就要调整我们对人类起源的认识……如果按前控制论时代流行的方式来行事，……再过二三十年，合乎逻辑的反证法也许就会摧毁我们的思想体系。”

——Gregory Batson，生态思想的阶梯教程。

1.1 自我毁灭之路？

已故的 Gregory Bateson 认为社会发展是一种自我毁灭的过程，只有去掉现代人的傲慢转向“生态理念”，我们才可能有救。事实上，Bateson 探讨的是支撑世界运行的基本假设。他认为这种假设是绝对错误的，不是有点偏差的问题，也不是通过扩充或澄清就可以回归正途的问题，而是根本上就是错误的，不可能“不远而复，迷途知返”。这简直太荒谬啦。过去三百年来，人类依靠科学的、理性的视角取得了举世瞩目的成就。在错误的基础上，怎么可能出现这些奇迹呢？用同样的视角来看待世界就会将我们引入歧途？这太难以想象啦！Bateson 肯定是在痴人说梦！

Bateson 的观念之所以被人当成妄想，仅仅是因为他的自然观产生于科学界。科学是否能真实地反映现实世界？Snow 1963 年观察到，就这个问题社会可明确地分成冲突的两派。多年来，许多作家、浪漫主义者和人文主义者对社会的发展提出警示，认为科学的观点指明了社会的毁灭之路，而且 20 世纪的各种恐怖事件又证实了这些。Goethe（1775）甚至在《浮士德的产品》中将人类信仰牛顿学说比喻成向地狱出卖灵魂。这一看法得到了后现代结构主义者的拥护，如 Feyerabend（1978）。这样看来，Bateson 也有不少拥趸。不管怎样，真正区别 Bateson 与其他批评家的是，他开始构造另外一张关于自然的合理图片。

在 Bateson 的视角中，值得注意的是生态扮演了一个重要的角色。现在一直增生的生态病确实就是 Bateson 预言的衰败的一部分，Batson 对此也是非常惋惜。但是，Bateson 对“技术引起问题，技术又解决问题”的观点敬而远之，并将其称为“病态的认识论”（Bateson，1972）。他呼吁人们全面审视一下我们看待世界的方式，认为人类应该从生态系统的角度来研究世界，而不是机器的角度。在有生之年，他利用新兴的控制论，说明可以根据生态系统中由反馈和连通性引起的间接效应来理解一些违反直觉的现象。从这方面可以看出，他在阐述自己的新方向方面是有进展的。

Bateson 敢于直言自然是二元的。尽管不是笛卡尔的那种二元论，但借用荣格的现代诺斯替派的用语，Bateson 发现了“纯灵界”，其中的实体是同质的、连续的，由标准的科学“原料”物质和能量支配。他称生命系统及类似物为“生物”，而这些“生物”的特征又以个体差异（信息）和反射动作为主。尽管他不喜欢谈论超自然的力量，但对现代思潮不允许探讨自然世界中的"神灵",他又深感失望(Bateson,1987)。虽说 Bateson 贡献卓著,但他并没有成功地描绘所谓的"生态的形而上学"。本书的宗旨是沿 Bateson 的足迹继续前进,希望能够系统全面而且合理地取代科学革命的基础。过去发生的文艺复兴就是科学思想的一次彻底转变。

Bateson 认为生态学不是一门完全以物理学和化学为基础的衍生学科。对他来说,生态学提供了一种完全不同的认识世界的方式。这种认识并不是曲高和寡,因为有一些研究人员也认为生态学是与其他学科根本不同的学科。例如,Naess 强调生态学是"深层的",并声称生态以一种深刻的、难以言传的方式影响我们的生活和对自然世界的认识(Arne Naess,1988)。Jørgensen 等也指出,许多生态系统的特性都偏离了传统和预想(Jørgensen等,2007)。此点随后会进行进一步讨论。生态动态行为的复杂性让许多研究人员都认识到,同一现象需要有互补性的解释(Jørgensen,1992)。在生态学之外,也有很多人认为生态学为人们认识自然和人为现象提供了特殊视角。有书为证,如《计算系统的生态学》(Huberman,1988),《情景与行为的生态学研究》(Gibson,1979)。

1.2　生态学可以大展鸿图

生态学特殊在哪儿?难道真如 Naess 讲的那样只可意会不可言传?深入理解生态学可以发现它完全颠倒了人类看待自然世界的传统假设,这个观点可能会让大家扫兴。周围的生命系统很神秘,生态学很特殊,这我相信,但我认为生态学决不会像 Naess 讲的那样难以言传。生态系统的行为在哪里?为什么偏离传统的动态?对此,我们可以采用一种更加合理的方式来识别(Ulanowicz,1999a)。如果能对这些根本的差异善加利用,就可以构造一个比牛顿的世界观逻辑性更强、更一致的视野来探究生命现象。

正如书名所示,我认为,如果人类要理解自然,更好地生存下去,就需要打开认识现实世界的另一扇窗——第三窗口。回顾社会的发展历程,可以发现很多重要的人物,如霍布斯、培根、笛卡尔,尤其是牛顿,是他们携手构造了认识自然世界的第一扇窗,为启蒙运动铺平了道路。正如后面将讨论的,第一窗口中的世界很多都可以用柏拉图和埃利亚派的学说来解释。第二窗口与第一窗口有两个显著区别的特征,一是从"规律"转到了"过程",二是将历史引入了科学述说。相应的,开启第二扇窗口也分为两个阶段,第一阶段的主要贡献者是卡诺(1824),第二阶段的主要贡献者是达尔文(1859)。

与前二扇窗口不同的是,第三窗口,即生态学窗口,它是逐渐开启的。也有人认为是断断续续开启的。在 19 世纪后半叶,当生理学中的一些理念开始扩展到超过个体生物尺度时,生态学开始出现啦。20 世纪早期,当美国人克莱门特 1916 年将生态群落类同于有机体时,生态学发展了根本的转变,也有人认为是颠覆性的变化。克莱门特暗示自上而下的影响可能对生态群落起作用,这是与传统的思考方式格格不入的。克莱门特的诋毁者无视他提的偶然性,通常只是随便评论一下他的"超级有机体"。与克莱门特同时代的 Henry Gleason(1917)提出的反驳很有影响,他认为生态整体的形成更多是源自偶然,而不是既定的规律。最终,在 20 世纪 50 年代,当社会更加关注个体行为时,Gleason 的观点取代了克莱门特的理论(Hagen,1992)。

然而,克莱门特的观点并未彻底消失。在控制论盛行的时候,Hutchinson(1948)指出因果行为的循环结构是生态系统中系统层面行为的关键驱动力。在论证循环的因果关系时,Hutchinson 利用了他学生林德曼(1942)的研究成果。林德曼用生态系统中物质和能量的转移网络来描述相互作用关系,现在这已成了教科书上分析生态系统相互作用关系的标准方法[1]。Hutchinson 的另一个学生奥德姆 1971 年采用并改进了林德曼分析生态系统动态的图表方法,有力地支持了 Hutchinson 的观点,认为收益的反馈环在生态系统的发展过程中起了重要的作用。

1.3 返上新路

1959 年,Eugene 和奥德姆出版了经典的教科书《生态学基础》,书中他们非常出色地总结了受随机性、控制论和网络影响的系统行为。正是因为这本书的影响,我和其他一些物理学家成了系统生态学家。与我以前作化学工程师研究的无生命系统相比,生态学是一个充满生机和活力、创造力,可以大显身手的舞台。但是,我对它的很多领域都感到很陌生,甚至猜测那个时代主流的思想家,如后面将提到的 Bateson,他们可能也和我的感觉差不多。我以为所有原理在灵光闪现的时候都会依次序出现,结果当然是让人失望的。这是一个决定性的时刻,但不是一点领悟,而是多种思潮百花齐放,才导致产生了令人振奋的现象学发现。在科学中,现象学就是用定量公式来概括规律,对任何由逻辑推理得出的原因进行抽象分析可以达到这一目的。因此,现象学并不需要完全的理解,但它经常会驱使人们进行更深的探索。

有幸的是,我读到了两篇紧密相关的论文(Atlan 1974;Rutledge,Basorre,Mulholland,1976),它们一起提供了一种量化相互作用网络系统中组织的方法。这一发现除对评估生态系统的状态非常有用外,它还有更多的作用。文章中量化组织的数学方法来自信息论。信息的测量是以一种陌生的、与常规方法相反的方式进行的,也就是说,对某一情形要评估我们了解多少,先要去量化我们未知的有多少(参见《增长与发展》第 5 章)。寻找实用地测量系统动态有序的方法,让我接触到了有明显哲学意义的分析现实世界的方法:利用信息论,可以将任何情景的复杂性分解成独立的两项,一项评估系统的有序和一致性,另一项评估系统的无序、无效率和不连贯。同时,通过分解的数学公式可以发现系统的这两种特性是完全互补的。也就是说,在大多数情况下,二者是一种此消彼长的关系。这种对抗作用力的存在使我认识到了现实世界的一种基本特性,而当前的任何科学论述中都还未提及,即自然不是一元的。但是,绝大多数的科学家都致力于阐述引起有序和一致性的规则。在复杂的环境中(如生命系统),这样的解释其实与系统偶然的动态行为有密切的联系,它们不是独立的。

自然世界是二元的。这说明 Bateson 对我们通常解决问题的方法感到失望,确实有其道理。对此,第 4 章将进行详细讨论。当代的科学家都喜欢先定义问题,用公式来表达一个期望的目标,然后用一元论的方式来计算怎样直接地实现目标。他们大多没有考虑偶然现象反方向的作用。实际上偶然现象的作用与它的动态变化一样,在复杂网络间迅速传播,最后能帮助构造系统的结构。在复杂系统的相互作用中,如果忽略间接的因果关系,人经常容易碰到不可预期的或违反直觉的结果。例如,DDT既消灭了农业害虫,也会造成捕食鸟的数量剧减。有些时候,在当前解决问题的一元论积分方法中也可以考虑这样的间接效果。有点微妙的是,偶然性和无序在复杂系统中还起着似是而非的作用。因为,如果没有它们,系统就会缺乏必要的灵活性,在新的干扰面前缺乏抵抗能力。但要系统地考察偶然性的影响,偏离传统方法是必须的。系统有序和偶然性之间互补的动态关系与黑格尔的辩证法类似。在一定的领域中,两者可能是对抗关系,但在更大的系统范围内,就会变成相互依赖关系。采用一元论的方法时,我们倾向于不考虑偶然性的作用,但是超过一定的范围,这样做只能带来灾难。

1.4 转头前进

如果想避免坏结果,也许我们应该停下来重新思考一下方向的问题。前面提到,对现实世界我们认识得可能不清楚,也可能不充分。因此,我们可能应该开始仔细思考有关自然运行的假设,尽管这些假设大部分都没有明确表达出来。描写科学方法的书籍可谓汗牛充栋,相比较而言,详尽阐述和评判传统科学基本假设的工作就只能算凤毛麟角。写作本书就是希望能改变一下这样的不平衡。作为第一步,在第2章将重点描述当前观察自然现实的第一二两种窗口——牛顿和达尔文的世界观。在描述达尔文的世界观时,我赞同从牛顿的"规律"到达尔文的不确定性"过程"悄悄的转变。进一步的讨论将表明,没有哪个窗口能解决下面这样的互补(冲突)的问题,如"事物是如何变化的?"、"事物是如何持久的?"。

如果通过传统的窗口呈现不了世界的全貌,对有些读者来说这未免太过悲观。如果有这样的感觉,我希望他们能耐心地读完本书,本书不是反科学的高头讲章。随后,我将构建一个合理的基础,基于它可以更好地研究生命系统。对某些人来说,这个目标可能有点荒谬,也有点狂妄。我希望他们能想一想热力学中与Bernard Tellegen定理有关的例子(Mickulecky,1985)。Tellegen致力于研究网络热力学系统,他研究的系统过程都是通过网络反映的。网络中的每一个节点都存在势,如电压或压力,节点之间的转换(如弧或链接)可用关联流量的大小来量化,如电流的单位用安培,流量的单位用立方米/秒。传统观点认为,节点处有力量,驱使流量从高势能的节点流向低势能的节点。因此,无线电电路中的电流受组件间的电势(电压)差控制,市政配水网络中饮用水流也受液压差控制。

Tellegen发现,只要势和流量之间是严格的线性关系,那么系统的动态就完全是对称的。也就是说,节点和流量完全可以互换;没有理由不相信流量是产生势的一个原因。从这点出发,电流集合就会增加交叉点(节点)处的势。市政供水系统中,交叉点处的水压也会增加,因为过来的水要比流走的快。总之,Tellegen认为在线性耗散系统中,一个问题总存在原问题和逆(对偶)问题两种看法。

生态学不是一个线性的世界。尽管没有人期望将流量作为事物发展变化的原因就能完全描述生态系统的行为,但这样做肯定也没有什么损失,因为完全等价的置换最多是没有新发现而已。重要的是这样一置换,我们就有可能据此描述非线性系统,接下来的图片也会与集中在描述对象上不一样,而且可能还会有显著的差异。通常,通过传统的视角可能发现不了这些差异。如此,流量作为原因很可能为我们提供了旧壁见新题的机会。这样的新视角正是本书要讨论的问题:将事物发展变化的过程作为起因,以便为我们提供一种替代的(对偶)视角来描述自然世界。

疏忽传统熟悉的窗口,而通过过程来描述现实。无疑有人会反对这样做。读者可能不愿意与历史的基础决裂,这当然可以理解,但我希望人们能通过多种视角来灵活地看待世界,这样可以获得一种"立体视角",也许能有助于我们更深刻地理解自然。

很明显,我们是在陌生的领域探索,当然会遇到困难。我希望读者能接受序言部分简单提到的"后现代结构主义"的观点(Griffin,1996)。对某些人而言,这一学派的名字听起来有点矛盾,这仅仅是因为他们的批判仅限于解构。但是,很多后现代主义者正从解构主义留下的碎石中拾取有益成分,以此来构造可视化现实世界的新方法。尽管新方法不要求人们遵守所有的启蒙运动约束,但也不要求人们放弃过程中的合理性。从积极的角度来看,后现代主义的批判使观察者可以在古典的、启蒙运动和当代思潮中自由探索,寻求一种能够形成一致的、整体的概念。于是,在第 3 章,我追溯到亚里斯多德,重新讨论了一下现实世界中起作用的原因类型。从另一角度,我还探讨了 Walter Elsasser(1981)的观点,他认为当前流行的对偶然性的看法是不充分的。他推崇的完全靠运气,对形成"生态的形而上学"的第一个基本条件有贡献。意识到机遇范围的扩大,难免会让我们怀疑物理作用力或机械主义在科学解释方面的作用,它们是否具有不可撼动的作用呢?对此,波普尔(1990)的"倾向"观提供了一种更合适的方法,利用它可以更好地从整体角度来研究世界。

我希望如波普尔的倾向这样新的抽象概念对读者有吸引力。希望当然是美好的,但如果不能展示这些实体是如何存在的,那它就很难给人留下深刻印象。第 4 章将对此详细论述,并探讨倾向的组合是如何给生物体赋予形式和稳定性的。对此,还需要两种基本条件,与前面的条件一起组成我的三个基本假设。依据这些公理,我将尽力表明发展系统的行为是怎样违背支撑牛顿世界观的基本理论的。沿着这条路,我也希望驱除掉存在于新达尔文学派核心理念中神秘事物的影响,即是什么原因推动了生物间的竞争(Haught,2003)?最后,依据维持有序讨论所提供的背景,我引入了上升性和杂项开支等核心的现象学概念,围绕它们本书其他的概念能够各就其位。存在这样的二元属性,很自然就可引出需要评价自然辩证的或相互影响的特征。

第 5 章阐述了我称为《过程生态学》的核心内容,讨论了在整个系统中起作用的一些方式和方法,并以生态学、免疫学、社会学或经济学的例子进行了说明。我认为我们需要转变研究重点,要更关注于过程的配置,而不是对象。这种新的自然进化视角,与科学界的正统基督教徒如 Richard Dawkins,Daniel Dennett 所公开宣传的观念截然不同。然后,我再次返回讨论上升性和杂项开支上的互补关系,目的是在一定程度上进一步详述量化有"相互作用的",也就是辩证的观点。

第 6 章详细总结了前几章简略讨论的"生态的形而上学",并与它要取代的牛顿世界观逐一进行了对比。过程生态学讲述的演化故事是对达尔文理论的扩展,但讲述是按照达尔文创造的,但为它的继承者大多放弃了的方式进行的。因为新的形而上学必定饱受争议,我将尽可能地对可能受到的批评进行反驳。

最后一章，将通过由过程生态学构建的窗口来推断这种新的视角如何影响我们对一些老哲学问题的看发，比如自由意志、个人的责任、生命的起源等。接着，将进一步探索过程生态学是否能消除Snow(1963)“两种文化”间的隔阂，是否它能绕过障碍达到自然的“神”的境界，这正是前面贝特森所哀悼的状态。我还将冒险分析一下过程生态学在某种程度上是否能缓解科学与宗教之间激烈的冲突[2]。最后将对过程生态学和生态形而上学改变我感知自然的基础进行概述总结，并讨论这种二元论的视角是否能改变我们对宇宙的态度，从无情的绝望到怀有谨慎的希望。

近三百年来，科学和技术都取得了举世瞩目的成就，下面就开始评估其基础。

2 打开的两扇窗

你父亲最让人讨厌——当然,讨厌鬼有时也有可爱之处,他有时也是对的,但他太自负,真把自己当成了万事通……他是个危险人物!

——Paul Schrader,《蚊子海岸》的电影剧本

2.1 需要剧变吗?

对现代科学的前提基础,Bateson 直接给予了否定,他是聪明人,当然会有很多追寻者。对激进的观点,贝特森是怎样考虑的呢? Bateson 赫赫有名,我们当然不能将他视为讨厌鬼,认为他在误导我们,也不能将他当成无知的勒德分子①,认为他在反对技术和技术变化。过去的 3 个多世纪,科学技术进步确实缓解了人类诸多的苦痛。要想让人们相信它是建立在不牢靠或似是而非的基础上,肯定很难,就是 Bateson 也难做到。现在看来,Bateson 确实就是想解决这个问题。本书也是如此,关键也是想解决这个问题。

科学探讨的是专门的知识,而这些知识除了科学之外,没有其他的认知方式可以证实。接受科学是建立在一种有缺陷的形而上学基础之上的,对很多读者来讲都会比较难。需要明确申明的是,这里我并不是想对科学方法进行批判。因为除极少的特例外,科学方法绝大部分都是非常稳健的。有些人对自然界的现象学方法进行了深入思考。在分析他们的成果时,我注意到,在自然现实的基本假设与我们确信的事实之间并不存在明确的逻辑联系。也就是说,我们确信的事实并不能证实我们关于自然的一些基本假设是合适的。在很多我们视为公理的平台上,也存在同样的情况。所有的自然现象都能被我们设计的实验方案所证实,这仍让人觉得有点匪夷所思。要完全探讨其中的局限性,读者可以参考许多有名的后现代批评(如 Grenz,1996)。下面,我将主要从科学史开始来了解科学的本质,其实科学史就是将科学事业视为一种历史模式。如此,即使在与现在不同的环境下,科学也能逐渐形成一种与现在不同,但内部一致而且有效的知识体。

与那些按常规处理深奥的微观粒子世界相比,很少有人关心科学发展中起作用的历史偶然性。人遇到的奇怪的现象,驱使已逝的 20 世纪最著名的物理学家 Wheeler John,将科学的发展类比于室内游戏来描述(Davies 和 Brown,1986,23)。Wheeler 是这样描述科学发展的,科学家就如宴会的被邀请者。宴会开始前,女主人招呼大家玩个游戏活跃一下气氛。他们选择玩“20 个问题”的猜谜游戏,目标就是猜单词。游戏规则是这样的,选中的猜迷者需要到餐厅外回避一下,然后其余人选择一个单词。猜谜者回来后,他或她可以

① 勒德分子是指 19 世纪英国工业革命时期,因为机器替代人力而失业的技术工人。现代引申为持有反机械化和自动化观点的人。(译者注)。

轮流对每个人提一个问题,对猜谜者提的问题,被问及者只能简单地回答“是”或“不是”,直到猜迷者猜中选定的单词。但是,当猜谜者回避时,有客人建议大家不要选择单词。接着,当猜谜者回来后,第一个问题的回答者可以完全自由地回答“是”或“不是”。接下来的问题只要答案不与前面的冲突,回答者也可自由地回答“是”或“不是”。直到猜谜者问,“是不是这个单词?”唯一的答案是“是”时,游戏结束。游戏过程保持了一致性,包含了参与者一时的兴致和偶然性,但结果是明确的,尽管充满了不确定性。

Wheeler 并未暗示所有的科学与他游戏中的谜底一样是短暂的。他是在反思粒子物理中的实验,即使并行扫描粒子属性的可能组合,结果也可能是不完全的。没有人观测到这样一个具有特定的性质和旋转的粒子,当然就不能组装仪器以便于观测粒子,即使它存在。用达到毫微米精度的观察仪器来搜寻目标。人们宣称实验成功啦,论文也写啦,奖也颁啦。但是,就像 Wheeler 一样,心中烦扰的问题是在纯粹的自然环境中,我们观测到的事情是否实际存在,是不是实验本身促进(构建)了被观测对象的存在。

Wheeler 的疑虑在科学家中并不占主导地位。大部分科学家都认为,科学研究最终将导向确实的、客观的真理,即使不是绝对的真理。在人类发射开拓者 I 号第一次离开太阳系探测太空的时候,Carl Sagan 等人被要求提供一些简单的可以雕刻到开拓者 I 号上的信息和符号,以便于与外星人交流,这件事情就可以凸现人类对科学研究的信心满满。Sagan 等人在信息中包括了一些裸体的男女图象,他们还选择用二进制的方式雕刻了氢原子的巴尔莫谱系[1]。该选择背后隐含的假设是,不管什么生物侦听到开拓者 I 号,只要他们是智能生物,那么他们会知晓科学的普遍规律,并很快意识到巴尔莫谱系的重要性。换言之,就是人们将科学法则和事实视为普遍的和绝对的。

Sagan 的推测是合理的,但是接受者理解的“科学”可能与我们理解的不一样,这种可能性肯定存在。外星人的感官可能和我们的完全不同,导致他们科学产生的历史事件与我们的也不一样。与 Wheeler 的室内游戏相似,外星人的科学体系可能与我们的有差异,二者之间可能根本找不到有意义的联系点[2]。尽管有根本的不协调,但无论外星人拥有怎样的科学系统,按他们的方式都必须是一致的和有效的。否则,他们将缺乏必要的途径发现探测器。

当然,这里讨论的并不是外星人的科学,也不是去论述基本粒子。隐含在这些例子背后的目的是说明历史过程对解释科学结论有潜在的影响。铭记这一点,下面我将提醒读者注意在自然世界启蒙观中的关键事件(牛顿《原理》)前后数十年间发生的事件。

2.2 历史的预处理

16 世纪,对某些历史学家来说是一个被“遗忘的世纪”,也是一个特别喧嚣和暴虐的时期,经常发生不同宗教派别之间的流血冲突。毫不奇怪,任何社会里如何维护同种信仰成了一件非常重要的事情。由此赋予了捍卫信仰体系者一种特权,现在我们称为泛滥的教权主义。神职人员掌握了普通民众的生死大权,延续到 17 世纪一直如此[3]。由于自然和超自然之间的界限还没有完全划定,任何人谈论自然运行的方式都可能受到神职人员的严密监视,谈论自然是神职人员绝对不能允许的。

在霍布斯关于自然界物质构成论的著作中,或笛卡尔关于现实世界机械论的著作中,不难发现他们表达自己的观点都非常谨慎小心。在那个时代,很多自然哲学家都是表里不一。现在看来,牛顿就是这方面的一个例子(Westfall,1993)。牛顿是个坚定的有神论者,而且是一个秘密的异教徒,他信奉阿里乌斯教。在当时的情况下,一暴露牛顿就可能会遭受灭顶之灾。在牛顿早期成功的数学和光学研究著述中,就交织了大量的宗教和炼金术内容。同样,天文学家哈雷和建筑设计师雷恩,他们的个人信仰也与当时社会的主流信仰不一样。幸运的是,命运使这三位天才在历史的长河中相遇到了一起(Ulanowicz,1995a,1997)[4]。

1684 年 1 月,在一次英国皇家学会在牛津举行的会议期间,哈雷、雷恩与大名鼎鼎的机械师胡克相遇。引力平方反比定律和行星的椭圆轨道之间是否存在严格的关系,哈雷和雷恩都很感兴趣。当他们就此事咨询胡克时,胡克告诉他们,他已证明了其中存在严格的关系,但他暂时不打算公开自己的证明,直到人们尝试解决不了,并且充分认识到该证明的重要性后,他才会公开(Westfall,1983)。

对此,雷恩和哈雷没有气馁。同年 8 月,哈雷在剑桥找到牛顿,对他提出了同样的问题。牛顿告诉哈雷,他已经解决了这个问题,但他忘记将证明放在哪儿了。哈雷有点沮丧地将牛顿的答复告诉了雷恩,由于牛顿和胡克之间的敌意是众所周知的,雷恩决定通过悬赏的方式让两人摊牌。雷恩公开发表声明,谁能在两个月内提供证明,谁就能获得一本古籍的奖励。

牛顿声称自己已完成了证明,当时他确实没有撒谎,因为在他的稿子里面找到过在哈雷拜访之前就已完成的证明。可能是对与胡克打过交道的人有警惕心,牛顿假装弄丢了证明。但是,当牛顿回头检查自己的证明时,却发现自己的证明是错的,他当时的心情可想而知。一想到胡克可能得到雷恩的悬奖,牛顿的心就开始抓狂。于是他开始闭关以作出严格的证明。一投入进来,创造的激励使牛顿进入了忘我的境地。直到 1686 年春天,牛顿才出关,就像摩西从锡安山下来一样,他的身心都非常疲惫,但手里却拿着三卷完整的《原理》。

牛顿的创造热情要胜过胡克,当时他来不及补充一些炼金术和神学的内容。在他的原理中,他只是阐述了理论的技术要素。因此,当哈雷第一次翻阅《原理》的草稿时,不难想象他会有多激动,要知道哈雷可能是个地下的唯物主义者。哈雷手中的可是人类第一次没有借助超自然的力量,对天体运动做出严格的、简洁的描述。哈雷立刻督促牛顿照原样出版他的巨著。一出版,这本书就立刻引起了霍布斯和笛卡尔等追随者的注意,牛顿很快声名鹊起。

不经意间,牛顿就成为了自然机械哲学的奠基人,这连他自己都没有想到。因为,在牛顿心里,他阐述的法则肯定与他深信不疑的宇宙创造者和主有关。当后来牛顿出版巨著时,他就添加了有关神学的注释,但这为人们所忽视。在两种对立的社会倾向之间,突然发现了明确区分机械论和超自然论的理由,这是产生机械世界观的主要原因。第一,前已提及是对残留教权主义的恐惧。那个时代的自然哲学家们都不敢涉及超自然的力量,唯恐触及他们的宗教信仰,从而遭到逐出教会的惩罚或引来杀生之祸。第二,是废除神职人员权利的简单愿望。人们迫切希望打破教会的权威。在自然和超自然之间,人们很快就分为两大完全对立的阵营。牛顿的《原理》发表后的几十年,对这种分离的认同使人们记住了牛顿这位天才的名字。

2.3 突如其来的一致

据Depew和Weber(1995)的论述,按照牛顿的法则应用的正统科学,自然和超自然的分离是从下述4个方面表现出来的,这4个方面相互之间有重叠,有的表现还比较隐含。其中,首当其冲的是因果关系封闭的假设。这一假设要求从机械因或物质因的角度对自然现象进行解释,并认为只有这样才是合理的。很快牛顿的机械论就成了能被援引的分析原因的模版。任何涉及超自然的力量都是严格禁止的,就是亚里士多德的终极因也不能提及(参见下文)—对培根来说,这显然是致命的。尽管Depew和Weber就此并没有详述,但这里隐含着第二个通常不为人注意的子假设,机械因必须与物质因结合在一起才发挥作用。也就是说,只有从物质形式直接得出的原因才是合理的。这个推论意味着,所有的原因最终反映的是物理学中的4种力——强力、弱力、电磁力、万有引力,每一种力都是与特定的物质形式结合的产物。

稍微有点讽刺的是,牛顿的第一个假设是"封闭的",因为观察现实世界的第一窗口确实反映的是一种封闭、狭隘的观念,而且这种观念还可追溯到古代。比如,亚里士多德描述的因果关系就远比启蒙运动的奠基者描述的复杂(Rosen,1985a)。他认为有4种基本形式的原因:(1)物质因;(2)效率因或机械因;(3)形式因;(4)终极因。这些原因既可独立发挥作用,也可联合运行。教课书上就以建房为例解析了这4种原因。首先,物质因很明显,包括石头、灰泥、木材等构成房屋实际结构的材料,以及组合这些材料的工具。效率因是指劳动者通过付出劳动将物质材料组合在一起。不幸的是,在建房的例子中,形式因没有物质因和效率因清晰。最相似的类比是建筑师脑海里完整的房屋图像,在某种程度上,需要代替效率因组织建造房屋的蓝图。建筑师脑海里的房屋图像主要由屋主的需要和目的决定。屋主的需要和目标本身又是构造房屋的终极因,例如未来屋主或社会的住房要求。在这个案例中,形式因和终极因是紧密联系在一起的,很容易混淆在一起。

我的同事Henry Rosemont提供了一个更清晰地区分这4种原因的例子,但是一个让人厌恶的战争例子(Ulanowicz ,1995a,1997)。战争的物质因很清楚,是士兵用来杀敌的武器和弹药。反过来,士兵们就是效率因,因为是他们挥舞着战刀,扣动着扳机,彼此造成无法弥补的伤害。最后,肯定是因为经济、社会和政治等原因,双方才兵戎相见,这些原因一起构成了终极因,也就是战争发动的原因。至于形式因,就是自然环境条件下双方的排兵布阵。形式因与指挥作战的军官有关,军官的命令影响战争的结果。这个例子中,效率因的决策者是士兵,形式因的决策者是军官,终极因的决策者是国家元首。说明了效率因、形式因和终极因的物理表现形式与不同等级尺度上的决策者之间的联系,就是战争的例子附带的一个好处。

在上述等级分派中缺失的是物质因,物质因在亚里士多德的因果关系体系中起的是一种被动消极的作用。也就是说,物质因对事件的发展是必要的,它的特性能影响发生过程的结果。大体上,效率因控制着物质成分,但两者又截然不同。在亚里士多德看来,物质因和效率因要么是独立的，要么是松散耦合的。他的观点明显与现代的不同，现代的观点认为物质因和机械因的联合是必须的。

在牛顿理论后面赢得支持的第二个假设与封闭性有关，该假设认为自然是由原子构成的。原子论的观点可以追溯到公元前四世纪的德谟克利特。这一假设认为存在基本的、不变的、最小的物质单元，这些单元即可组合又可拆分[5]。在该假设下至少还隐含着两种推动力，第一，原子的组合与封闭关系产生了简化论的思想，认为科学探索的唯一正确途径是分析，也就是在小尺度的事件中找原因来解释大尺度上的现象。因此，Sagan 在生物进化的电视节目中，在展示恐龙相互恶战的迷人景象后，接着就宣称“这些都是分子干的事情！”第二是可分解性，即将系统分解为亚单元，不会有什么实质的损失。当原子与封闭性组合起来时，结果与公元前一世纪卢克莱修的名言相似：“这儿是原子，那儿是空的”——没有其余的物质①。对物质的基本属性，尽管现在我们知道了很多，仍有很多人继续按玻尔的原子模型思考，更有甚者，将卢克莱修“弹球和真空”的概念作为构成世界的基本层。

反过来，系统是可分解的又提供了牛顿的第三个重要假设，即过程本身是可逆的。尽管对熟悉变化无常的生物现象的人来说，这个假设可能有点陌生。但是需要注意的是，所有描述物理现象的规律和方程在时间上都是对称的。也就是说，如果有人根据规律来研究现象，未来和过去的结果一样，就跟两个球的弹性碰撞一样[6]。20 世纪末，Aemalie Noether（1983）不但强调了该假设具有普遍性，而且也证实了这种对称性与时间上的守恒是等价的。在现在的科学研究中，经常假设物质和能量等属性特征是守恒的，其实就是在援引可逆性假设。应当提及，基于强守恒物理规律展开的预测并不能说明真实的变化。在这样的新柏拉图哲学体系中，可逆世界里其实无法产生新事物。

在牛顿成功预测天体运动后的几十年里，化学和电学领域也取得了很大的成绩，导致在第四个方面认识达成了一致：只要能充分阐述自然规律就足以预测所有的现象。这意味着自然是确定性的——如果精确给定初始条件，那么就能精确给定系统未来（或过去）的状况。19 世纪早期，机械论取得了巨大的成功，拉普拉斯（1814）就为机械世界观迎来的无限发展前景而欢呼雀跃。他狂热地谈到，任何“精灵”或“天使”只要知道宇宙中所有粒子的位置和动量，就能用牛顿力学预测所有未来的事件或追溯过去的历史。对拉普拉斯而言，神化的科学力量就存在于弹球和真空中。机械决定论产生了具有重大意义的哲学余波。比如，如果自然法则完全能解释任何事件，那么人类的任何“意愿”就是荒谬的。

最后，第五个假设与确定的自然法则有关，即相信自然法则具有普遍性（Ulanowicz，1999a）。也就是说，它们可用于任何地方、任何时段以及所有的尺度上。由于利用数学物理方法在很多时候都能提前预测到一些现象，所以许多物理学家们认为物理学法则无所不能。因此，人们就会遇到一些谈论“点黑洞”的物理学家。在无限小的空间里，点黑洞能够聚集大量的物质，导致它的引力大到光线或其他射线难以逃逸。理论家已推算出黑

① 原子论认为整体可以分解成部分，而且分解后性质不变。封闭性讲的是只有机械因和物质因是合理的。所以当一个人通过机械关系将这些不变的部分连接在一起的时候，呈现的景象就是不变的物体在哪里跳来跳出。类似于卢克莱修的名言：" 这儿是原子，那儿是空的。（译者注）。

洞相关的物质、引力和光的方程,结果非常接近于数学上的“奇异点”,在该点处数学运算变得反常,并相信在这个未知领域中这种关系是有效的。其他物理学家运用量子理论与引力理论进行了同样的外推尝试,这两种现象的特性维相差 42 个数量级(Hawking,1988)。重复前面已说明的一点,封闭性与普遍性的联合说明不会产生什么新事物。正如霍金所言,没有任何东西让“上帝”来创造。

2.4 引起的挑战

19 世纪初期,牛顿世界观空前盛行,经常能看到拉普拉斯和他的同事们打开香槟欢庆的场景。然而,好景并未持续太久。尽管现在很多人认为 20 世纪早期出现的相对论和量子论是牛顿理论消亡的原因,其实在拉普拉斯宣称之后六年,法国工程师卡诺报告的发动机中蒸汽的行为,就对可逆性(和守恒)提出了严峻的挑战(参见下文“综合或精炼?”)。就是今天,卡诺提出的问题还有很多都无法回答(O. Penrose,2005)。后面“打开一扇新窗”将说明,在 19 世纪后期,达尔文是怎样受早期地质发现的影响,又是如何第一个在生物学中将历史和变化引入系统的动态分析中的。正如大多数人都认识到的,20 世纪早期,相对论和量子论的发展最终清晰地明确了普遍性和决定论的界限。

挑战的结果是现在没有多少人谈论牛顿理论。必须承认,通过详述牛顿理论,我的目的是树立一个稻草人。我绝无意冒犯读者,嘲弄他们怎么接受了流行了两百年的理论。以我个人的经历来看,今天没有人坚守这五个假设。可以毫不夸张地说,牛顿的世界观已经破败不堪。不幸的是,没有什么人接受这种状况。因此,是什么理论取代了牛顿的框架,问这个问题确实有点痛苦。正如我们看到的,许多思想家开辟了很多新方向,但是没有哪个赢得了普遍认同,结果是大多数人还是对牛顿理论抱残守缺。但是对每个假设究竟具有怎样的重要性,也没有形成普遍的一致看法。

后面,我将开始解构我的稻草人。我将对牛顿理论的五个假设提出强烈的质疑。即使读者对这些假设有自己的理解,也会质疑我对此为何牢抓不放,尽管我自己马上会从反面提出更可信的证据。让人担心的是,多数人已不愿对这些关于自然的假设进行深入的讨论,而更偏向确定的实用主义或技术专家论。整体的格局仿佛就是,对追求更舒适更健康的生活来讲,那些基本原则已经不重要了。

2.5 恢复失地?

实用主义让我觉得有点奇怪的是,尽管机械论的世界观很少应用,但还有那么多人热烈拥护这种过时的形而上学。他们好像想扭转历史车轮。因此,下面将介绍在新达尔文主义的演化情景中是如何考虑封闭性的。比如,Dawkins(1976)和 Dennett(1995)都是这方面的杰出代表,他们一丝不苟地从物质因和机械因方面寻找原因。原子论(简化论)继续主导着生物学,从现在分子生物学的盛行就可见一斑。现在,还有很多科学家继续否定现实世界中的偶然性,认为只是在基本的确定性的基础上糊上了一层概率而已(Bohm,1989;Patten,1999)。

有人可能会问,是什么激励人们如此热情地拥护传统理论?对一些人来说,很可能是担心丧失掌控自己的生活和环境的能力。正如后文所及,将自然因素与超自然因素分离开的理论已变成一系列的唯物主义的信仰,成了对抗先验主义者和有神论者的一种有效武器(Susskind,2005)。这一武器不会被轻易放弃。无论动机如何,结果通常总是难如人所愿,就像牛顿这个超越论者一样,他的成果成了坚定唯物论者的基石。有时候,事情发生很久以后,人们才会对事情突然发生变化的特征进行评价,但似乎总会遇到出乎意料的事情。也可能就是这样,达尔文带着完美的牛顿思想,为我们开启了自然演化的第二扇窗。

2.6 打开一扇新窗

达尔文自认为是牛顿的忠实信徒(Depew 和 Weber,1995),他公开宣称的梦想是成为"草上的牛顿"[7]。他非常小心地将有机体之外的自然选择作为了系统的效率因。但是,与牛顿一样,愿望并不总是导向期望的目标。比卡诺更幸运的是,达尔文成功地甩开了牛顿理论的影响。

达尔文的计划很简单。由于太简单以至于有人说随后发生的事情就跟"殖民"一样,他的结果几乎可以适用所有的环境,对它从未应用过的领域也是如此(Salthe,1989)。自然选择的基本单元是生物个体,不知道因为什么原因它们被赋予了自我繁殖的能力,也被赋予了与其他生物竞争有限资源的能力(Haught,2003)。在生命期内,有机体受到各种外部作用力的影响,所有这些作用力都可归于"自然选择"的名下。经过严格的自然选择后生存下来的有机体,它们通过繁殖将自己的特性遗传给下一代,代代如此。有机体的后代继承了父辈的许多特征,但也可能会产生细微差异。这些差异可以提高有机体的生存概率,在后代中占更大的比例。这整个过程被称为"血统修改"。

我以前是一名工程师,缺乏达尔文理论的相关知识。因此,我无法对泛适应或基因固定展开讨论,只能将这些问题留给演化生物学家。我想从门外汉的角度对达尔文理论中我认为的优势与不足进行简单的讨论,就我所知而言,这几个问题在很多关于演化的讨论中都没有引起重视。对我而言,人言非妙处,妙处恰于是。讨论这些次要的问题更有助于深挖达尔文的进化论,同时也能指出需要开启第三扇窗。

尽管 Buffon(1778),Cuvier(1825)和 lyell(1830)早已提及,历史在自然世界中起了一定的作用。今天,达尔文提及的历史仍在我们的思想中占主导地位。在外形和功能的繁衍中,物种从父辈那里获得的累积特征,在繁衍过程中也可能发生偶然变异,也就是历史事件的影响。有机体的演化路径,即父辈身上的特征是不是能在下一代身上体现,这有严格的限制。这种时间上的约束与按牛顿定律创建的序列明显不同,前已评及,牛顿的序列前向和后向解读是一样的。

2.7 规律或过程?

尽管有人指出在达尔文进化论中有历史的作用,但很少有人注意达尔文理论实际上彻底偏离了牛顿理论。比如,人们称达尔文的为演化理论,或不太经常提到的演化过程,而不是演化规律。从规律到过程的转变具有重要的意义,因为正如怀特海和罗素 1913 年证实的,基于固有规律产生的结果总是确定的。然而,对过程来说,尽管对行动有具体的约束,但结果是不确定的。

由于过程的概念在本书余下部分中起了重要的作用,所以这里尽可能详细地阐述清楚过程的意义。因此,先对其给出一个可操作性的定义:

过程是指在给定约束下随机事件的相互作用,且产生了非随机但不确定的结果。

事实上,在 Wheeler 的室内游戏中,我们已接触了过程。另一个简单、人为的,但非常有说服力的例子是 Polya 壶(Cohen,1976),Polya 壶的命名是为了纪念第一个描述它的数学家 Gyorgy Polya。要完成该物理过程,需要一个带小嘴的"壶"或不透明的容器,小嘴要小到让人不容易看到里面的情形。另外还需要很多小红球和蓝球,壶里可以装很多。过程开始时,壶中有一个红球和蓝球。摇动壶,然后从中随意摸出个球。如果摸出的是红球,那么将其与另一个红球一起放入壶中,再次摇动壶,然后再摸,如果摸出的是蓝球,那就将其与另一蓝球一起放回壶中。依此重复进行下去。

Polya 的实验很容易编成程序进行模拟[8]。第一个问题是过程是否"收敛",即最后容器内红球和蓝球的比值是一常数。结果是非随机的吗? 是的,这一点很容易证明。图 2.1 描述了摸球一百次后壶中红球和蓝球的比值变化情况。摸一千次后,红球和蓝球的比值趋近于 0.54591。在任何摸球的过程中,这一比值最后都趋于稳定。

极值不等于 0.5 引出了第二个问题。这一过程的极值唯一吗? 即是不确定的吗? 如果倒空壶,然后重新开始这一过程,比值会一样吗? 图 2.2 所示是第二次模拟实验一百次后的比值,很显然两次模拟实验红蓝球的比值并不相等。摸一千次后,第二次模拟的红蓝球比值逼近 0.19561。显然,Polya 过程实验的结果是不确定的。

实际上,如果过程重复多次,最终红蓝球的比值都将趋于 0 到 1 之间的一个值。大量实验结果趋于同样的极值,如图 2.3 中的 1。1000 次实验后,结果趋于 0.96806。经大量的重复实验后,很容易发现,前 20 次左右的结果会强烈影响最终的收敛值。换言之,任何序系列都会明显受到历史事件的影响。

也许是出于偶然,这个简单的例子可以揭示过程具有的 3 个重要特征:

1. 过程受随机输入的影响,但是过程的结果是确定的。
2. 过程是自我参照的,因为某时刻壶中红蓝球的比例影响摸的结果。
3. 球的比值变化明显受以前摸球情况的影响。

从上面介绍的关于过程概念的特点可知,尽管达尔文深受牛顿的影响,但是他找到了一种全新观察现实世界的方法。他实质上是要告诉我们,生命系统并不是从不变的物理法则演化而来的,而是自然过程从混沌中创造生命有序的结果。大众传媒学者 Marshall McLuhan(1964)喜欢强调催眠效果,即人们熟悉的想法和习惯会妨碍人们认识新事物。因此,也许是由于"嫉妒物理学"引起的误导(Cohen,1976),在倍受尊敬的达尔文为我们开启一条新路 150 年后,仍有很多生态学家在继续探寻生态"规律",以便能开启生命世界。

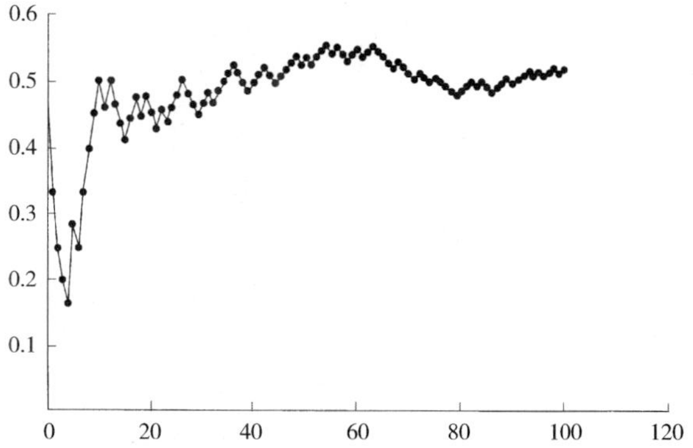

图 2.1 模拟 Polya 过程实验第一个百次后红球与蓝球的比值
(横坐标:红球/蓝球值;纵坐标:次数)

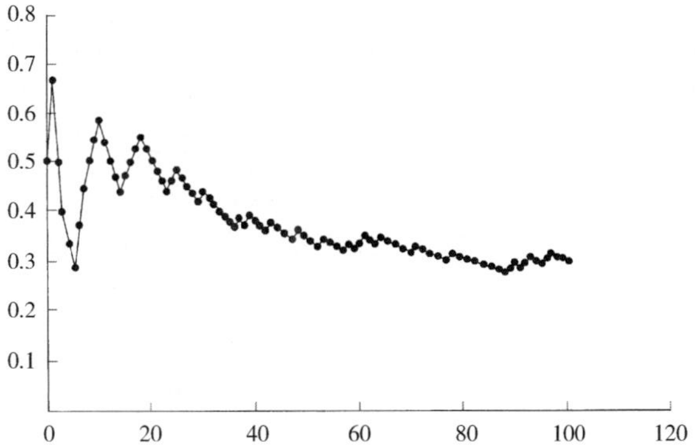

图 2.2 重复 Polya 过程实验第一个百次后红球与蓝球的比值
(横坐标:红球/蓝球;纵坐标:次数)

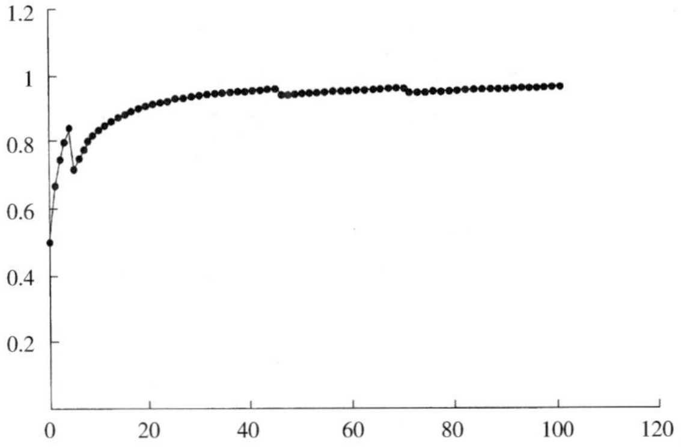

图 2.3 受红球主控的 Polya 过程实验
(横坐标:红球/蓝球;纵坐标:次数)

2.8　被遗忘的达尔文?

历史长河中,理想的传承者往往是整理和解释已有创新的人,而且他们的动机经常与他们的指导者不一样。以牛顿为例,他的工作就是以自己从未想到的方式解释。达尔文的情况有点不同。他的追随者想用他非常推崇的牛顿理论来解释他的理论。但是,为了与牛顿一致,达尔文和他的追随者贬低了他工作中具有革命性意义的内容——在形成生命系统时,过程比规律更重要。另一方面,达尔文推荐的其他研究方向也很快萎缩,因为这些不符合当时的正统观念。比如,他认为演化具有方向性,甚至直接是目的论的[9],但是现在这样的理解已完全被淡忘。而且,在《物种起源》的第 4 章,达尔文特别强调生物系统中的“劳动分工”[10],实际上现在这一方向也被遗忘了。劳动分工是对专业化过程的一种恰当描述,这在下一章会有讨论。

在进化论中,人们强调的很多方面与达尔文的原意有差异,而且多年来人们对进化论的认可度也一直摇摆不定。可能有些读者会感到惊奇,进化论在轰轰烈烈登场后,在 19 世纪末期就开始日渐衰落(Depew 和 Wever,1995)。孟德尔(Gregor Mendel)对豌豆离散特性的观察,引发了人们对达尔文逐步进化和连续进化的质疑。同时,孟德尔对基因遗传的离散特征研究,暗示了进化中偶然性起了作用,而且是科学界以前从未关注过的新的随机因素。因此,关注的焦点转向个体发生学或发展生物学中可预测的现象,这使进化论在未来的三十年或更长时间里黯然失色。

2.9　综合或精炼?

探讨进化论演化道路上的曲折,其实就是回顾大约一个世纪前牛顿理论遇到的挫折。前已提及,牛顿理论面临的第一个真正挑战是来自工程师卡诺,他发现了热传导是不可逆过程,他的发现后来成了著名的热力学第二定律,尽管它的提出早于第一定律(Ulanowicz,1986,17)。卡诺原理让牛顿定律和原子论处于危险的境地:如果牛顿可逆的规律适用于微观尺度上气体中原子的相互作用,那这些可逆的相互作用构成的整体又如何在宏观尺度上表现出不可逆行为呢? 随后半个世纪,物理学界那些最聪明的人都尝试解决这个难题。

19 世纪后叶,玻尔兹曼、麦克斯韦尔和吉布斯等人的工作解决了这个难题。这三个人独立完成工作,都将理想气体中的原子看做一个统计总体。理想气体是由大量相互独立的点状粒子组成的。通过假设气体原子的动量服从统计正态分布,玻尔兹曼证明它的一个特殊分布函数(熵函数)是单调(不可逆)增加的。麦克斯韦尔和吉布斯给出了它统计上的理论形式。让思想健全的实证主义者感到窘迫的是,这种调和达到的一致只在非常狭窄的范围内才成立。不是去证伪牛顿的规律,实证主义者大多是去证实热力学第二定律与牛顿力学之间没有矛盾冲突。实际上,物理学家认为玻尔兹曼、麦克斯韦尔和吉布斯“净化”了热力学中杂乱无章的现象。因此,对他们来说,统计力学就成了热力学。轻视现象的构成,对热力学工程师而言,这仍是问题的症结所在。

几十年后,在达尔文理论的复苏过程中,也出现了对牛顿思想这样的补救措施。孟德尔发现了遗传物质的离散特征,以及偶然性所起的作用,为进化论招来了不可逆这个“幽灵”[11]。现在,偶然性很肆虐,谁能将能将这个妖怪收回瓶子里?这个任务落到数学家费希尔的肩上,他对麦克斯韦尔和玻尔兹曼用来创造统计力学的统计学非常着迷(Ulanowicz,1997)。实际上,在证明达尔文的渐进主义观点与孟德尔的离散特征是相容的过程中,费希尔实际上对他们的数学公式进行了重新概述。为了实现这一目的,费希尔假设了一个大量随机繁殖个体的大种群,这与理想气体假设截然不同。他认为某一生物或现象的特性不是由单一基因决定的,而是按孟德尔的方式,由大量经常变化的基因共同决定的。从本质上来说,费希尔发现了基因频率的轨迹,麦克斯韦尔、玻尔兹曼和吉布斯发现了气体分子的排列,他们采用的方法如出一辙,都运用的是概率方法(Depew 和 Weber,1995)。

费希尔研究的顶峰是“自然选择的基本定理”,书中他得到了与玻尔兹曼最大化熵值差不多的结论,要最大化基因频率的适应度(繁殖)。然而,这里存在一个非常重要的差异,玻尔兹曼指明的是系统要朝无序和自由状态发展,费希尔的基因谱则是朝增加约束的方向演化。费希尔据此敏锐地断言,我们生活在一个“有两种趋势的世界”里,其中热力学和遗传学都在按相反的方向演化(参考 Hodge,1992)。

不确定性是生物学舒适外壳中混入的沙子,费希尔发现可以将它变成珍珠。奇怪的是,费希尔描述的情形与统计力学恰好相反,即在微观尺度上起作用的是规律,而在更大的尺度上则盛行的是不可逆性。对他来说,偶然性行为是基因组在微观尺度上所特有的,但是自然选择在宏观尺度上继续像牛顿的规律、达尔文推断的线性和渐进性那样起作用。构造模型时,费希尔已清楚地划定了生物学中偶然性起作用的范围——归于分子活动的微观层次。他的研究也为解释偶然性的统计意义赢得了少许希望。正如我们质疑统计力学的调和作用一样,我们有理由怀疑,这群兴趣盎然的生物学家将费希尔的“大综合”外推到它原本比较狭窄的假设条件之外,是否过于仓促啦。

2.10 窗口再次关闭?

在费希尔的综合之后,达尔文声誉得到进一步提升。仅仅二十年后,在 Schroedinger(1944)推测基因组的分子特征后不久,Watson 和 Crick(1953)就令人惊奇地描述了 DNA 的分子结构,以及 DNA 的信息编码方式。现在,随着清楚地界定基因组信息的“弹球”,综合得到进一步巩固。接着,描述了减数分裂、有丝分裂机制,以及许多其他分子运动的机制。这个“新达尔文”综合的核心仍然是微观尺度,阐述分子“机器”成了现在一种正常的工作状态。超出这一范围之外存在的只有“真空”。

这些发现促使机械论者开始收复失地。机械论的魅力与同期的计算机一起发展,计算机为机械行动提供了一个新的比喻——算法。突然,生物学的研究都变成照本宣科,人们不断努力探索构成法则和运行机制,而无视整个系统的情况。即使到今天,算法在

Daniel Dennett(1995)的现实世界观中仍占有重要的位置,当然他并不是一位孤独的漫步者。“人工生命”是在计算机中模拟现实行为,它的发展前景广阔。计算机已取代钟表成为典型的机械装置。一些未来主义者,诸如 Edward Fredkin(Wright,1988)和 Stephen Wolfram(2002)走得更远,他们认为宇宙学可能就是一种强大的计算机器运行的副本。

在这些琳琅满目的新发现中,每个人是否只见树木不见森林?提这个问题似乎有点不雅。也许我们关注的焦点偏离了达尔文描述的指导过程。确切地说,我们对微观上的机制如此欣喜若狂,以至于可能忽视了达尔文其实描述的是一个宏观过程而非某个规律。我已探讨了新达尔文主义的“精神分裂”特性(Ulanowicz,1986,1997),人们关注的焦点总是在微观分子与宏观生物之间来回转换,好像要经过几个等级,中间有无数的过程和结构要出现。现在的研究主要关注的是,具体的基因组与大尺度的形式和行为之间的相互关系,好像所有的效率因都驻留在分子领域。另外,这里隐含的一个假设是因果还原法——所有的原因都需要在更低的尺度上发现,或如 Sagan 所言:“这些都是分子做的。”

显而易见,基因编码可能提供很多杰出的技术,我的目的不是否认还原论提供的贡献。遗传学的研究将成果斐然,分子生物学也会如此。但是我想问的是,是不是还原论就是一切,只有它才是科学。从基因到有机体之间有很多层,对其中发生的事情我们所知甚少,难道我们真的满足于此吗?要是我们没有正确地使用分子世界中的效率因,情况又会怎样。事实上,效率因正在中观层面上发挥作用。只关注分子而忽视中观层面上的动态可能会造成很大的误解,要不就是彻底的灾难。

2.11 被忽视的中观层

现在,我们转向被忽视的中观层(Liljenstroem 和 Svedin,2005)。从 DNA 开始,酶反应或催化反应的网状结构解读了基因序列(Strohman,2001)。这些网状结构是严密的机械装置吗?它们缺乏效率吗?我们真的能说是 DNA 周围含铌的区域决定了更上层的行为吗?如果是更高层产生的作用力来选择解读的基因编码,那又该怎么办呢?回顾亚里士多德的原因分类可知,原因分布在不同层次上,不是只限制在单一层次(如最底层)上。而且,我们已经提到,在亚里士多德的理论中,物质因几乎是被动的,起次要作用。如果亚里士多德的理论是正确的,那么将所有的原因归于物质因将产生严重的错误。我们需要考虑下面的可能性,基因分子只是提供物质因,更上层的网络提供效率因。

继续质疑,不达目的不罢休。比如,在达尔文理论中,人们理所当然地认为,从开始到繁殖,生物都是在竞争资源(Haught,2003)。但为什么会引起竞争呢?是受生物基因的驱动,这样解释跟没有说一样。对这个答案的反证归谬可参阅 Doug Marlette 的葛根系列漫画(1997 年 1 月 23 日)。漫画中,主要人物葛根坐在牧师旁问道,“什么时候我们能发现这个基因,使我们相信任何事物都由其决定的?”当然,许多人会反驳,回答这个问题超出了科学的范围。但是,我认为这种态度低估了科学事业,完全没有必要。在第 4 章,我们将重新讨论竞争的问题,并在中观尺度上提供一个解释。

最后,得到普遍认同并引起广泛讨论的是,达尔文的过程并不能充分解释生命的起源,或不能解释新物种为什么存在。这说明第一和第二扇窗口无法彻底说明实际的变化。牛顿的窗外是一个永恒不变的世界。达尔文的窗口是可以揭示一定的变化,但是没法充分描绘构成现实世界的根本变化。更明确的解释就是,达尔文理论解释不了出现的新事物。为了全面彻底地解决这个问题,必须开启一扇更大的世界之窗,从而充分考虑不确定性和现实世界中出现的新奇事物。

3　事情是如何变化的?

这种希望与世界和人类的历史相生相伴,它一开始就强调历史已完全打上了不确定性的烙印。

——普里高津和 Isabelle Stengers《混沌中的秩序》

3.1　变化与静止

理解事物是如何变化的,这比了解位置是如何变化的要复杂一些,我们必须超越牛顿的世界观。达尔文做到了,尽管他和追随者喜欢用牛顿的术语来解释他的理论。前已提及,牛顿的世界观借鉴了很多希腊的柏拉图或埃利亚派的思想,不变的"特征"是这些学派首先引入的基本原则。但是,埃利亚派并没有包含所有的希腊思想。与他们处于对抗地位的坚持辩证思想的米利都学派,代表人物赫拉克利特,他的名言"万物流变"就指世界在不断地发生变化。人不能两次踏入同一条河流,就是诠释这一名言的范例。

一方面,上面的描述可以说明埃利亚派耽搁了热力学。热力学重要的变量是"状态变量",它们定量地表达了系统处于平衡(静止)时的状态。状态变量有几种数学特性。其中最重要的是,它们都是全微分的,即可用微积分来解释各种状态变量间的多重关系。其次是"过程变量",比如热流或电流,以前还缺少合适的数学工具来处理。系统中过程变量与状态变量不同,因为它们的大小依赖于系统的变化路径,通常它们的计算是有难度的。这样的"路径依赖"简单反映了系统历史所具有的重要性。在网络研究中,流量与状态(节点)是等价处理的。随着网络研究的兴起,不久流量变量有可能会成为热力学研究的基本变量。

尽管很容易在自然界观测到静止和变化,但开始就必须承认要完全调和他们之间的矛盾是不可能的。物理学家或工程师或许已经注意到静止和变化两者本质不同,就跟橘子和苹果一样,因为时间也是变化的一个维度,但静止状态显然没有考虑时间的影响。在自然界中不可能观测到绝对的静止,也不能观测到绝对的变化。只要时间足够,就没有任何自然物体能永恒不变。但换个视角也可发现,有时表面上的变化是守恒的,例如没有外力作用时运动物体的动量就是守恒的。

基于上述背景,可以认为达尔文的"血统修改"过程有助于打破科学界本质主义[①]的束缚。达尔文的窗口为我们打开了历史的瓶盖,也打开了过程和偶然性的瓶盖。变化是可能的,但正如前文所述,它有一定的限制范围。达尔文学说的变化只发生在类型(物种)的内部,过程对形成新类型(物种形成)不起作用(Gould,2002)。达尔文学说也解释不了生命过程,生命起源超出了达尔文学说的解释范围。

---

① 本质主义指以为事物的本质能够同偶然的发生区分开的形而上学的理论。

3.2 偶然性,讨厌的不速之客

达尔文理论的局限性涉及偶然性与科学目标之间的对立。科学的目的是记录、简化和预测,偶然性的闯入使系统开始显得缺乏规律、系统说明变得复杂,系统的预测能力也开始降低。第2章,我们讨论了统计力学和大综合两个例子,说明了科学如何应对随机干涉引发的挑战。两个例子采用的数学工具都是概率论,目的是获得长期的规律性和可预测性。但是,概率论本身存在问题,应用之前必须接受一系列关于偶然性分布的假设,如正态分布,指数分布与幂指数分布等。

更重要的是,运用概率论首先要接受一系列的基本假设。这些先决条件在概率论的入门介绍中很少提及,即偶然事件是简单的、普遍的和可重复的,才能运用概率论。简单事件是原子式的,因为它们在考虑的最小范围内和最短时间间隔中发生。普遍性是指事件中没有值得提及的具体特性,它们都是同类的、难以区分、缺乏方向性,并偶尔表现出一种二进制的差异。最后,偶然事件需要是一种重复现象,能观察到许多次,否则是无法估计发生频率(估计概率)的。

如果手中只有一把锤子,那么任何事物在他眼里会越来越像一颗钉子!这尽管是陈词滥调,但在现实生活中却不断重复上演。偶然性的研究也是如此。因为概率论只处理简单的、一般的和可重复的偶然性,所以在研究中大多隐含地认为偶然性具有这些特征。但是,迅速兴起的"复杂性理论"告诉我们事物并不总是简单的。既然复杂系统存在,那为何不存在复杂的偶然性呢?事实上,就生命系统而言,恰当的是宣称复杂性是常规而不是例外。复杂的偶然事件,如果仅仅是因为缺乏合适的测量和规范化方法,显然并不能将其视为不存在,并在关于自然的讨论中将其排除在外。

3.3 清除偶然性?

我们的发现非常简单,但开始也会让人吃惊。在描述自然的时候就不可能包括自然界的质变。但复杂的偶然事件有多少普遍性?我们讨论的是不可思议的事物,还是平常的事物?物理学家 Walter Elsasser(1969,1981)专门研究了这个问题,他认为它们在生命系统中随处可见复杂的偶然事件。更令人惊讶的是,他暗示复杂的偶然事件遍布自然界,在数量上还要超过简单事件。

Elsasser 的观点很难证明是合理的,也难以定量化表示,所以一开始很多人认为他的观点是荒谬的,与 Bateson 是一路货色。Elsasser 是从两种不同的角度来处理生物学中不连续的自然事件的。首先,他按照可辨别类型的组合来考虑复杂事件。数学家都知道,随类型增加,联合事件发生的联合概率会急剧减少:如果类型 A 独立发生的概率为 50%,类型 B 为 40%,那么类型 A 与 B 共同发生的联合概率就是 20%。现在增加类型 C、D、E、F、G 和 H,各自独立发生的概率大致为 50%,则这八种类型随机共同发生的联合概率将降低到 0.4%。

Elsasser 想知道最多有多少类型的简单事件能够随机的同时出现。事实上,他探寻的是现实世界的上边界，也就是在已知世界的时空范围内，最多能够同时发生的简单事件的数量。最近，很多人认为在已知空间内大概存在 10^{81} 种简单粒子[1]。现在，能观察到的最简单的物理事件是亚原子事件，它们发生的时间间隔大约 10^{-9} 秒（毫微秒）。宇宙大概运行了 130 亿～150 亿年，或 10^{25} 毫微秒。据此，Elsasser 推断至今宇宙中至多发生了 $10^{81} \times 10^{25}$ 次或 10^{106} 次简单事件。从而可以得到下面可靠的结论，宇宙中不可能存在出现概率小于 10^{-106} 的事件，即使经过宇宙生命期的反复循环也是如此。所得的经验是，无论何时遇到大于 10^{106} 或小于 10^{-106} 的数字，一个人都要保持警惕，因为这样的数字在现实的物理世界中不可能出现。Elsasser 称任何超过 10^{106} 的数字为巨大数。

但 Elsasser 的建议与复杂系统具体有什么联系呢？答案是唯一的。尤其是，一种随机组合到底需要多少种不同的类型或特征才能被无可置疑地认为是唯一的。可能让人吃惊的是，这个临界值并不是一个特别大的数字。它即不是阿伏加德罗常数（大约为 10^{23}，1 摩尔化学物质中的分子量），不是 100 万种，也不是 1 千种类型。要成为唯一的，大概只要求 75 种不同的类型，因为类型的组合数是类型数量的阶乘。由于 $75! \approx 10^{106}$，因此当超过 75 种不同的事件偶然共同出现时，就可以确定它们不可能再次随机发生[2]。

对生态学家而言，Elsasser 的研究结论很重要，因为在现实的生态系统中，几乎不存在少于 75 种不同个体的情况（如 Kolasa 和 Pickett，1991）。例如，一个生态系统由 10 个物种组成，而每个物种又由 40 个有机体组成，那么在该生态系统中就存在 400 个不同的实体[3]。有人认为，在许多系统中增加事件发生的条件概率，就可以提高事件再现的可能性，也就是说在知道 A 发生的概率条件下，能更好地预测 B 发生的概率，通过这样可以提高唯一性事件出现的临界值。这是对的，但在特有生物体的生命周期都非常短的条件下，实际上这样并不能得到什么。比如，一个人在大型机场的楼上向下拍照，在 20 平方米的范围内，照片里可能有 90 个旅客。其中许多是通勤者，每天要在同样的时间里通过同样的地方（图 3.1），即使如此，但以后拍照要想捕捉到同样的 90 个人，即使拍到 45 个人，可能性都是零。

图 3.1　机场的通勤者

从 Elsasser 的计算可知，奇异事件并不罕见，而是大量存在的。在任何地方，任一时段，任何尺度上，都可能发生。在所有尺度上尤其重要，因为玻尔兹曼和费希尔的研究已使我们习惯于认为偶然事件只会发生在微观尺度上。但是，现在我们认为在更大的尺度上更可能发生那些具有唯一性的事件，这里可能存在更复杂、更容易区分的的实体。事实上，很容易通过组合数学的方法得到与 Elsasser 一样的结论，在所有的尺度上，唯一事件或实体的数量都要远超过简单事件,这也是生命形式的基本特征。

3.4　开启了解真正变化的窗口

确实,Elsasser 的建议非常重要。前已提及,要恰当地估计出一个事件出现的概率,该事件必须重复出现几次。如果某事件是唯一的事件,那么它就不适于用概率论来处理。现在,由于唯一事件的强度要超过简单事件,在复杂系统中就是这样,所以实际情况其实超出了概率论的处理范围。到目前为止,我们将偶然性作为一个例外,但是也意识到,偶然性在复杂系统中占统治地位。现在是明确承认存在偶然性的时候了。因此,下面给出新形而上学的第一个假设:

Ⅰ、任何系统的运行都容易受到偶然事件的影响。

如果我们仍未意识到奇异事件的存在,那么这一假设就会看起来很普通。但是 Elsasser 使我们认识到该假设与随处可见的、极端的、奇异的事件具有紧密的联系,而这些事件又是一些基本的预测理论处理不了的。

该假设确认了偶然性的本质属性。也就是说,只要能够精确地知道事件周围的问题,偶然性就不是用运行规律可以搪塞的幻觉。要理解为什么必须放弃普遍规律,就需要知道更多物理规律的本质,这在第 6 章会进一步讨论。相反地,这一假设隐含地说明世界并不是一个完全无缝隙的连续统一体。因果关系结构中存在漏洞。类似于卡拉西奥德(Caratheodory,1909)针对热力学第二定律的声明,可以认为随便探讨服从物理规律的任何事件,就能发现无数存在偶然性(漏洞)的案例。换言之,宇宙并不是因果关系封闭的,而是波普尔(1982)和 Peirce(1892)申明的那样是开放的。

3.5　生物学规律和机制—谬论?

这样看来,科学前景有点暗淡。尽管应该确信事物最终肯定会变好,但科学在变好之前可能会变得更糟。在揭示科学真正变化的过程中,需要揭示那些曾经舒服地呆在限制范围内的事物。连续的干扰很难通过一些简单的概括来处理,除那些最不重要的外。尤其是,我们正在怀疑规律对我们周围世界的解释力。但为了避免自己得意忘形,我得赶紧补充一点,这样做不一定要违背物理规律。简单的说明就是单靠物理规律不可能确定我们所见的真实世界——复杂事物的组合可以简单地创造多种可能性或自由度,从而能从多种途径满足物理规律。换言之,就是单靠物理规律不足以解释生物学领域中的很多事情(参见 Kauffman,2000)。

为了深入探究物理规律的不足,我们转向 Elsasser 的第二个论点,就是生物学为什么不适合采用有关的物理规律。Elsasser 强调生物系统本身的异质性。他认为,物理学处理的是一个连续统一体,但生物学中占主导地位的是类的概念,就像分类学中的物种或个体发生学中的阶段。就连续统一体假设,怀特海和罗素(1913)证明,连续统一体中的操作都可以映射成同质集合中的操作。一个同质集合中的元素相互之间是不能区分的。比如,电子或氢原子集合就是这方面的完美例子。我们还无法从其他电子中区分出一个电子。明确而言,怀特海和罗素已证明,连续统一体内有规律的行为对应的就是同质集合中的操作。

怀特海和罗素证明用的严格逻辑学超出了本书的范围,但通过两个非常简单的图示可以说明他们的基本想法。例如,考虑如下的整数同质集合:第一个集合由 5 个 1 组成,第二个集合是 5 个 2,第三个集合是 5 个 3,等等。下面按照严格的操作规则,使集合 2 和集合 4 相互作用。比如,让第一集合中的数字与第二集合中的对应数字相乘。结果得到 5 个 8 的同质集合(图 3.2)。确定的结果是得到另一个同质集合。

下面接着考虑一个由 5 个整数组成的集合。第一组包含整数 1 至 5,第二组包含整数 6 至 10,第三组包含整数 11 至 15。这些集合是异质的,集合中的数字明显不同。按照前例中的操作程序,让第一组自乘。一种可能的结果是得到整数集合 4、5、6、8 和 15(图 3.3)。值得注意的是,这些结果分散到了三个不同的组中。另外的组合也将提供不确定的结果,最终得到的数字会分散到不同的组中。

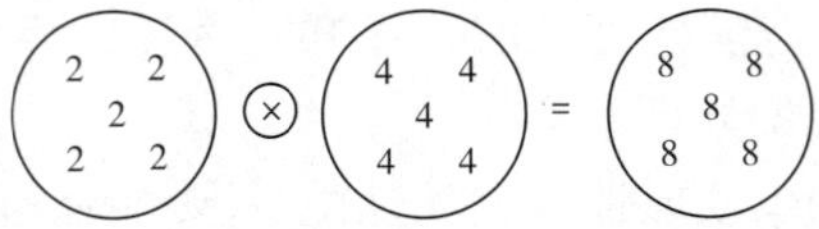

图 3.2　两个同质集合固定运算的结果,结果是得到简单的同质集合

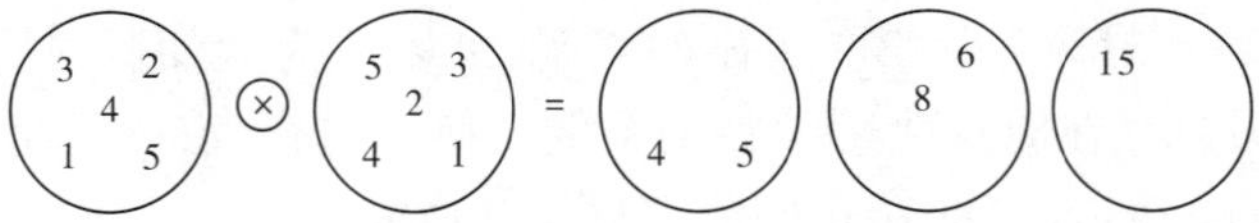

图 3.3　在两个异质整数集合之间进行与图 3.2 同样的运算,结果将分散在不同的组中

生物学上相似的案例是等位基因(基因成分)集合。等位基因有显性基因 A 和隐性基因 a。从这样的六组等位基因集合开始,其中每组至少有一个显性基因 A,也就是说,六组等位基因的集合为 AA、aA、Aa、AA、Aa、aA。由于集合中每个成分都有显性基因,所以从表现型(有机体)上看不出这些基因的差异,分类就会将它们归于同质组中。现在,让这些基因配对随机减数分裂。一种可能的结果是出现 AA、aa 和 Aa。突然,第一次出现了遗传特性 aa,显然应该将其归于异质组中。据此,由于第一次分组中存在隐形的异质性,所以必须创立第二个组来接受 aa 的后代。

生物学充满了普遍的异质性。Roger Williams(1956)对此进行了说明,Elsasser 对此进行了强调,他们都认为生物学中弥漫了普遍的异质性和个体的特征。生物实体可按等级层次进行区分。甚至通常难以区分的微生物区,也可以被个体化。当然,忽略某些差异将它们划归入某类别也是合理的。但是需要意识到的是,这些都是明确的异质组(Krivov 和 Ulanowicz,2003)。必要时,任何组别中的个体都可进一步细分。

引用怀海特和罗素证明的等价结论,Elsasser 推断人们不可能得出一个阐述异质生物类的牛顿式规律。生物学中不存在普遍规律,这得到了很多科学家的响应(Mayr,1997;

Lewontin,2000;Konopka,2007;Fox－Keller,2007)。夸大 Elsasser 推论的重要性也有点勉为其难,“整体”生命系统的研究,如生态学、社会学、经济学等,过去和现在都消耗了研究人员大量的精力,那些科学家都正在按照“物理学”模式寻找他们各自领域的规律。

Elsasser 关于偶然性和异质性的评论可以简短地总结于下:“组合学和异质性吞没了规律”。但这并不是说所有的规律都被打破了。而是,就特定形式下能量守恒这样的单个约束来说,这里存在多样的,而且经常是冗余的,能满足规律的许多模式。并进而可以推出,研究的规律无法区分这么多的可能性。必须考虑一些事情来决定实际结果,下一章将阐述这些事情。

物理学中有规律的行为非常像机械行为,因此这里可以根据 Elsasser 的结果得到一个推论:生物学中的机制缺乏逻辑基础。对许多生态学家来说,这无疑是个新闻。众多的生态学文章、论文和研究成果都一致认为,生态学主要就是发现机制和阐述机制。必须明白一个事实:生态学中讲到机制,这充其量只是一个隐喻,而且用这个隐喻还有很大的风险,它可能将人们的注意力引向错误的方向。

3.6 生物学回避力

生态学和大部分生物学中的机制是不合逻辑的,这至多是个隐喻,即使那些喜欢使用机制这个术语的科研人员,也很难将这当成新闻。坦白地说,我的生态学同事也大多地认为这个隐喻远非完美的。对生态系统来说,存在太多的噪声以致很难接受机制这样的类比。但这样的专业术语为什么会让我们在分析现实的本质时误入歧途呢?假如有更合适的术语反映两个异质类型之间的相互作用,并能更清晰传递起作用约束的信息,结果又会怎样呢?

科学上使用不精确词语的问题严重困扰着哲学家波普尔(1990)。与 Elsasser 不同,波普尔并不直接探讨“规律”问题,而是他质疑与“力”相关概念的普遍性,怀疑它是否能应用到生物现象中。波普尔认为,力只存在于理想化的孤立状态中,比如真空中。在这样的条件下,无论何时我们遇到原因 A,结果必然是 B。如果是 A,那么结果就是 B,这样的关系可无限重复。然而,在生物学中情况并非如此。事实是,A 发生时,很多时候结果会是 B,但并不总是这样,结果经常要受到其他事情的影响(参见图 2.3)。波普尔采用苹果落地的例子来说明这个问题。苹果落地是受重力的影响,但波普尔认为,“现实中的苹果绝不是牛顿的苹果!”苹果落地的原因,不仅有牛顿重力的影响,还有吹来的风,生物化学事件使茎把老化等。一件事情为什么发生,什么时候发生,这依赖于许多其他的事件或干扰物。

基于此,波普尔认为将狭隘的力的概念扩展应用到复杂环境中是错误的,结果有可能使人们偏离真实情况。他建议人们讨论事件发生的倾向。如果 A 发生,就有 B 发生的倾向,但是 B 并不会每次都发生。这时情况有点像是“如果是 A,那么结果是 B;如果是 A,那么结果是 C;如果是 A,那么结果是 D;等等”。借助于事件表,可以详尽阐述“倾向”的本质(Ulanowicz,1997)。

事件表是一个排列矩阵表,每个条目展示因“原因 A”导致出现结果 B 的次数。原因

可标记为 a_1、a_2、a_3……a_m，同样观察“结果”也可记为 b_1、b_2、b_3……b_n。然后生成矩阵，矩阵中的第 i 行第 j 列表示 b_j 紧随 a_i 的次数（事件）。例如，a_i 可以代表 m 种活动（如吃生肉、跑步、吸烟、喝酒）中第 i 种人类行为方式。b_j 表示 n 种癌症（如肺癌、胃癌、胰腺癌等）中的第 j 种类型。事件矩阵表中填写的是事件发生的次数，指具有第 i 种行为习惯的个体患第 j 种癌症的人数。表 3.1 是一个假想的由 4 种原因与 5 种结果匹配组成的事件矩阵表。为了简便，表中总共列了 1000 个事件。在生态环境中，表中的 a_i 代表食肉动物 b_j 吃的猎物类型。表的纵列是各种食肉动物的菜单。例如，如果 b_3 是切萨皮克湾中的条纹鲈鱼，在一段时间内，它需要吃 16 只蓝蟹（a_1）、38 条银河鱼（a_3）和 161 条鲱鱼（a_4）。据此，可以认为条纹鲈鱼有吃鲱鱼的倾向，但是在其他机会增加时，它们也可能吃蓝蟹和银河鱼。

表中的第 6 列是每一行的行和。因此，可观察到 a_1 发生 269 次，a_2 发生 227 次，等等。同样，表中的第五行是各列的列和。结果是观察到 b_4 发生 176 次，b_5 发生 237 次，等等。

表 3.1　假设的有 4 种原因（a）和 5 种结果（b）的事件矩阵表

	b_1	b_2	b_3	b_4	b_5	和
a_1	40	193	16	11	9	269
a_2	18	7	0	27	175	227
a_3	104	0	38	118	3	263
a_4	4	6	161	20	50	241
和	166	206	215	176	237	1 000

从事件表中可知，现象并不一定是确定性驱动力作用的结果。多数情况下，a_1 经常引发 b_2，a_2 经常引发 b_5，a_4 经常引发 b_3。但细心观察，也可发现存在很多波普尔称作“干扰”的情况。如 a_4 引发 b_1，这可能是外部作用力，也可能是系统内部过程相互作用的结果。另外，不难发现，a_3 是否引发 b_1 或 b_4，结果是很含糊的。

尽管波普尔主要研究的是干扰，但我们知道 Elsasser 对这个问题的观点，因此我们很快就可认识到，由于异质性的影响不确定性提高了。与前面不同整数分组的例子一样，对异质整数组进行简单运算操作，得到的结果是数字分散在不同的组中。研究基因的人应该非常熟悉表 3.1 中的结果。原因和结果之间这样的分散特征，也经常是医学临床试验中失败的祸根。

在此基础上，波普尔提出，如果像在实验室那样研究孤立过程，那么我们可能会得到一些机械性的描述结果。例如，如果只关注孤立过程，那么可能会发现 a_1 总引发 b_2，a_2 总引发 b_5，a_3 总引发 b_1，a_4 总引发 b_3。例如，实验室的饲养试验可对食肉动物与猎物进行匹配来达到上述目的，如只给条纹鲈鱼喂鲱鱼。与大多试验设计一样，这样的情况只是一种人工条件。孤立过程的频率记数如表 3.2 所示。

按照机械的锁定方式，已知 a_i 立即就可知道引发的结果是 b_j。在表 3.2 中，有意思的是，b_4 不是单个原因引起的结果。因而可以推测，b_4 只能是现象之间相互作用的结果。

表 3.2 原因相互独立的事件频率表

	b_1	b_2	b_3	b_4	b_5	和
a_1	0	269	0	0	0	269
a_2	0	0	0	0	227	227
a_3	263	0	0	0	0	263
a_4	0	0	241	0	0	241
和	263	269	241	0	227	1 000

从表 3.1 转化成表 3.2 可知,当系统有其他约束时,就可能发生表 3.2 所示的情况。值得注意的是,表 3.2 中后面将讨论的平均相互信息值接近或达到了它的最大值。

据上所述,可知倾向如波普尔所言,是由对机械力的随机干扰引起的,或者按 Elsasser 的方式是由于异质性突然导致的。这两种观点都说明倾向代表的是约束,尽管并不完美,但能将系统整合在一起。波普尔和 Elsasser 都没有阐述清楚这些约束是如何产生和发展的,下一章我们将论述这个问题。但现在已有足够的理由认为,倾向给系统输入了凝聚力,可使系统在面临任意随机事件的干扰时,免于分崩离析。

3.7 自然系统的本质

事情开始发生转机。在牛顿世界外,我们遇到了第一个凝聚力的例子。在牛顿之后的很长时间中,自然一直被视为一个无缝的连续统一体,其中不存在漏洞或裂缝。而且,该体系是刚性的,就像众所周知的钟表装置一样,一个地方的运动能传播到世界的各个角落。随着量子现象的发现,许多人开始怀疑微观尺度上的因果连续统一体。但在宏观尺度上,人们还是认可牛顿理论。但是,我们周围各种尺度上发生的奇异事件,需要我们用另外的理论来取代连续统一体。前面曾比喻性地谈到了凝聚宇宙的因果关系"纺织物"。在因果关系"纺织物"的线条(倾向)之间,我们发现了不同尺寸的漏洞(偶然性事件)。由于海绵上分布有各种不同大小的洞,因而有人可能喜欢用海绵来替代纺织物做比喻。无论怎样比喻,都应该说明存在漏洞。因为存在这些漏洞,纺织物或海绵才具有一定的灵活性或柔韧性。这样的开放性对进化/发展的研究来说,是绝对基本和必要的。

这个世界毫无神秘可言,这是牛顿理论的一个优点。自然规律及其相伴的作用力是无处不在的,是永恒的,没有开始的时候。但是倾向就在起支配作用的力的近旁。它们是如何产生的?为什么有些能主导系统,有些只能起辅助作用?换言之,就是倾向如何增强?在从规律转向过程中,可能会发现答案。与达尔文一样,我们寻求自然过程的各种例子,或反映过程结构的例子,通过这些例子来解释生命系统中有序是如何出现的,以及在面对奇异事件时系统是如何维持的。

4 事情是如何持久的?

生物体的主要目标是表现自身协调的个体特征。

——怀特海《思维方式》

4.1 颠倒的过程

到目前为止,我们的讨论以解构为主,是尝试用后现代主义的观点挑战一些不朽的、以前有效的看法。如果真想有助于大家更好地理解,那就需要采用更多的结构主义观点。这种转变听起来比较突然,但的确如此,思想史中经常就发生方向的突然变化。例如,John Haught(2001)评述了启蒙运动中大众生死观的突然转变。在17世纪之前,人们认为生命是普遍存在的,并在地球上是占优势的。生命无所不在,即使在今天也有人将它当成一种纯粹的物理现象。因此,对启蒙运动前的哲学家们来说,他们面临的主要挑战是解释死亡。

然而,在牛顿之后人们的关注点突然转向了相反的方向。认为宇宙是由死的、静态的物质构成的,它们按照一切确定的、无情的规律行事,这是现在主导的宇宙观。这种宇宙观没有给与生命系统有关的不可逆性、不对称和偶然现象留下任何余地。在这样的视角下,毫不惊奇的是,日常生活中主要的科学和哲学问题之一变成了生命的出现:它是如何从死的世界中衍生出来的呢?

现在,我们的任务就是在生死之间取得一定的平衡,避免出现极端情况。在阐释如何将真实变化引入牛顿理论时,我们实际上讨论了很多完全偶然的事件,它们违背了将偶然事件控制在合理范围内的正常假设。事实上,在第3章的结尾,我们引入了倾向的概念,认为它是一种对偶然性干扰的补充。但这个观点有点含糊,难以让人心悦诚服。倾向本身并不具有鲁棒性,不足以逆潮流而行。然而,波普尔(1990)坚持认为,倾向并不会单独存在,总是与其他倾向存在紧密的联系。因此,我们不禁要问,是否倾向的并列可以表征普遍存在的偶然性?

4.2 静止的世界

在开始研究倾向并列的可能性之前,首先有必要考虑一下已熟悉的持续方式。也许,主要的图像是被动的平衡。一块水晶、一块石头、托马斯·杰斐逊的桌子和帕特农神殿都是固体,并存在于我们周围已有一段时间。它们代表了一种达到热力学平衡状态的物质形式,除非有足够的外力让它们分开,否则它们就将保持现在的状态。物质的稳定性和持久性会给我们留下深刻的印象,尤其是当它们超过人类的寿命时,以至于很多人开始探究物质最基本的形式。德谟克利特和卢克莱修认为,原子是任何可感知事物的基本构成元素——“弹球和真空”的世界。

4.3　推卸责任

事实上,认为平衡与生命系统没有关系是错误的看法,因为许多生物系统的运行都非常接近平衡态(Gladyshev,1997;Ho,1993)。自达尔文以来,我们越来越清楚变化和持久之间的相互作用,即使生物学的内部研究也倒退到了弹球领域。这是因为基因已成为生命系统中持久力的表现形式,它们都在DNA分子模型中有具体的体现。大多数生物学家也许能回忆起它们上的入门课,回想起表示DNA分子的互锁弹球体塑料模型。

这种聚合物中的核苷酸序列可以视为一连串的代码。这些代码一代代遗传下来,为大量的生化反应和酶反应提供了发生的物质基础,从而能形成与它们祖先相似的后代。DNA的许多特性令人着迷,以至于它的发现者之一没有将其作为地球的起源(Crick和Orgel,1973)。从纯粹的自然环境中出现裸露的DNA,然后再装配上解读它的“机器”,很多人认为这是不可能的(Kauffman,1995)。更可能的是,在这个专门的分子问世之前,DNA是在原始有机体的细胞间质中演化,它们已经能够增长和繁殖(Deacon,2006)。尽管这是一种相对被动的角色,今天大多数研究者都将DNA视为效率因,将它周围的一系列生物化学过程视为次要的过程,但是可能就是这些生化过程导致形成了DNA。

4.4　混沌中出现的有序

Kauffman、Deacon、我,还有其他一些人都得到了这个表面上看来似是而非的论点,即从大量混杂的过程中能够出现一些经得起时间考验的转化形式。在这个世界上,坚硬的物质是如何出现的?与早期的柏拉图学派一样,我们认为物质的出现遵循先前存在的“特征”,但是同时代的物理学为那些我们认为的坚硬物质描绘了一张不同的图片。如那些我们感觉是固体的物质在大尺度上是真空的。因此,我们要获得知识从而使自己相信,那个空间内的基本粒子一有时间时就存在——也就说几乎是时间开始的时候。

根据大爆炸理论,宇宙开始是处于混沌状态,充满了大量稠密的高能光子——纯通量(Chaisson,2001)。当这个连续统一体开始膨胀时,某些光子聚合(碰撞)形成了称为强子的数对能量封闭环,强子由初始物质和反物质组成。在比较短的时间内,这些强子被光子之间的快速碰撞所破坏,光子的速度就像它们出现一样快。持续膨胀使基本粒子之间充满了空间,降低了物质和反物质成对毁灭的频率,光子能量的减少使它们与现存物质的碰撞很少带有毁灭性。物质开始出现,但也以同样的速率消失。

在此期间,物质和反物质之间会因为偶然事件的影响而发生不对称的变化,尽管发生的概率非常小,大概是十亿分之一,但结果是使物质稍多于反物质。就这样,余留的物质会慢慢增加,反物质会慢慢减少。进一步的膨胀导致出现了大型物质和弱力。结果导致在重力作用下物质聚合到一定的密度,并点燃链式(反馈)聚变反应,产生一种更大更复杂的聚合体——较重的元素,从中就可能形成固体物质。这里实际得到的信息是,我们今天察觉到的持久的物质,实际上是过去很多年过程的动态配置、不对称性,以及反馈作用的结果。

根据宇宙学提供的这种宇宙膨胀观点,难免要再次发问,从混沌中呈现有序的关键点到底在这一过程的什么地方? 认识到这种静止的形式要继运动和过程之后,问题可被重新表述为:是什么过程或过程的组合从混沌中提供了有序?

从重要人物 Bateson(1972,404)的评论中,可以发现回答这个问题的线索。"原则上,因果循环将对随机事件产生一种非随机的反应。"[1] 控制论专家 Bateson 处理的是"因果循环",在一串过程或事件中,最后一个要素对第一个要素产生影响,这就是普遍认为的反馈。他暗示,因果循环具有持久性,因为它们可对随机刺激产生非随机反应。我认为,这种早期的零碎想法是我们理解生命过程及其起源的基石。也是在多样性吞没物理规律的时候解决问题的基础。因此,我选择下面的声明作为本文的第二个基本假设:

Ⅱ. 被其他过程干预的过程可能影响自身。

这又不是什么新东西,很多读者都会有这样的反应。它只是大家都熟悉的反馈的描述,这在传统科学中就有介绍。的确如此。还有人会说,这只是认识到了现实世界中存在非线性现象罢啦。确实也是这么回事。但为什么选择它作为研究自然运行的基本假设? 有什么特别之处呢? 其实答案很简单,因为可以在牛顿理论的废墟中很好地研究反馈。

然而,就反馈来讲存在的问题是,对大多数人来说,都难以从自己学科外来接近这个主题:伴随 20 世纪 40 年代控制论的兴起,反馈才在科学中占到了显著地位。开始,反馈只是人工系统中的动态要素,都是按原子论的方式设计和建造的,如无线电电路或控制电路。后来,反馈才从人类设计中抽象出来,并应用于自然。即使现在,它仍隐含地保留着与原子论的关系,在正常的学习训练中,反复灌输的就是原子论和可分解性。正因为如此,在当代科学中反馈才占到了一个恰当的位置。

如果简明扼要地阐述我的一个观点,即倡导完全放弃将牛顿的原子论假设作为关键的假设,我希望这不会影响读者的期望。正如我想证明的一样,牛顿的假设与现实中的一些现象并不一致,应用这样的原理可能使我们进一步偏离自然复杂性的本质,当然更重要的是后者。现在,我要强调的是,承认反馈是超越原子论的一种抽象,这急剧地改变了我们看待自然的视野。

在由部件组成的系统中,系统又可以分解成各个部件,而且各个部件又能维持各自的身份和行为。无论何时,当反馈在这样的系统中起作用时,都可以解释成自下而上的因果关系起作用的结果。当然,谁无视整体中部分所起的作用,在原子论的忠实拥趸眼中都会被当成偶然现象忽视。然而放下原子论,这样的假设就可以(有意识)从承认因果行为可以从观察层上产生来解释。同时,不依附于原子论的第二个假设,公然抛弃了经典的封闭性假设。新的原理是一个相关的原理,过程之间相互作用最终影响过程本身。过程的具体结构影响过程的参与者,这是一种与自上而下或亚里士多德的终极因有细微差别的部分观点,对启蒙思想者来说,这绝对是毒药。

读到这里,可能会有读者将这本书丢到一边,去做别的事情。因此,我必须抓紧让他们相信,接受反馈和摒弃原子论并不会让我们一步就跨入先验论。相反,这只是在将合理性引入生命系统的研究中走了一步。同反馈打交道的人确实已经敏锐地意识到在这样的现象中包含了循环，以及逻辑上让人憎恨的循环论证。因此，在进行循环推理的时候，控制论专家是冒了风险的，他们总是采取一些委婉的说法以避免逻辑上的不合理。然而，将所有的反馈整合成一个简单的假设，可以一下子从随后的论点中切除循环。循环变成了一种给定的、不言而喻的存在。伴随这种概念的重建，我希望读者能继续阅读下去，看看在新的基础上能否得到一些符合逻辑，而且有用的结论。

现在关于反馈和控制论的文献可谓汗牛充栋，显然无法全部处理。但是，掌握的材料足以评论，早期研究反馈的方法都涉及线性或拟线性的数学方法。长期以来，研究主要集中在负反馈上，因为线性系统中的正反馈是病态的而且不稳定的。任何以线性方式增强自身的活动，其发展都是没有边界的。只研究负反馈很受欢迎，主要是因为应用反馈大多是为了控制装配系统，要控制系统负反馈是可取的。例如，为了控制运行速度，一般的蒸汽机或内燃机都有调节器。调节器通常是各种各样的离心重块，它们靠引擎带动旋转。当引擎加速时，这些重块开始远离旋转中心，并撬动阀门减少引擎的蒸汽或燃料供应，从而达到减速的目的。如果旋转的重块设计成在速度增加时打开增加燃料（正反馈）的阀门，机器可能会失控，并自我毁坏。在线性世界里，正反馈总是破坏性的。

一旦反馈研究超出人工装置的范围，进入生命系统这个非线性的、高耗散的领域，就必须考虑正反馈的作用。生命系统摄取的东西有大部分要自我消耗掉，所以需要各种刺激来维持系统的运行。因为有机体主要是自我继承的（Rosen，2000），所以搜寻这些刺激最合适的地方就在系统内部。因此，很多生物学家就开始研究正反馈在生命过程中扮演的角色（Eigen，1971；Haken，1988；Maturana 和 Varela，1980；Kauffman，1995；DeAngelis，Post 和 Travis，1986；Ulanowicz，1986；Deacon，2006）。许多人开始集中到自催化上，将它作为演化系统中形式和稳定性的起源来研究（Ulanowicz，1997，Kauffman，1995）[2]。

4.5 自催化——动态作用力

自催化是正反馈的一种特定形式，在正反馈环中任何连续连接的作用都是正向的。与机械系统一样，并不一定要将这种促进作用假设成强制的或刚性的。这里只需要说明的是，自催化环中每个参与者都要能促进其下游成员的增长。前已推断，自催化与大多数简单的化学系统中都合理的原子论结合在一起，本质上可以认为整个系统都是机械的。然而，在更复杂的环境中，尤其是在与复杂的偶然事件结合时，就会突然出现多种不同的非机械特性。

只要通过一个具体但带普遍性的例子来说明，自催化的非机械特性就会变得很明显。不失普遍性，读者可以注意简单的 3 个组分之间的相互作用（如图 4.1）。假定过程 A 有倾向增强过程 B，值得重复强调的是，过程 A 和 B 之间并不是严格的机械联系。而是，当过程 A 增加时，大部分但不是所有时候，B 也会增加。B 也依此以同样的方式引起 C 的增加，C 也会同样引起 A 的增加。

由水生大型植物狸藻构成的种群是自催化的生态学例子。狸藻又称狸藻类植物（参见 Ulanowicz（1995b）），所有的狸藻类植物都是肉食植物，与人们熟知的捕蝇草一样，它们诱捕并摄取动物。与捕蝇草不同的是，狸藻利用散布在羽毛状茎叶上的胞囊来诱捕猎物

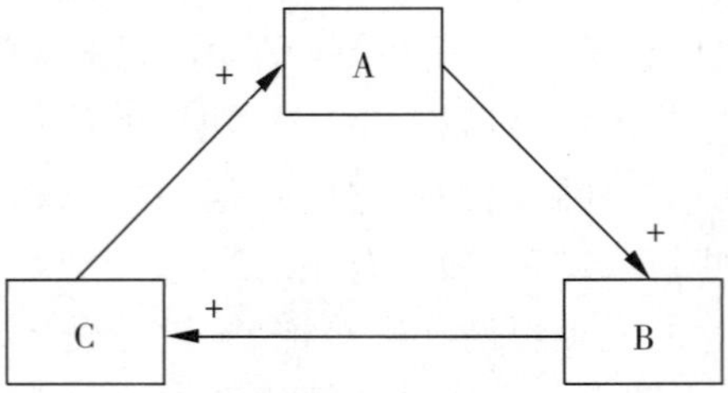

图 4.1　假想的有 3 个组分的自催化环

(图 4.2a)。在胞囊的末端有很多毛发状的触发器。一旦被捕食的浮游动物碰到这些触发器,胞囊就会打开末端,依靠狸藻自己保有的一种负渗透压将动物吸入胞囊。在狸藻植物的叶面上,总有一层薄薄的藻类,统称为水生附着生物(图 4.2b)。而水生附着生物又是许多小浮游动物的食物。当狸藻捕获并吸食了浮游动物时,就形成了完整的自催化环。总之,狸藻的成长为很多水生附着生物的成长提供了广阔的平台。水生附着生物越多,意味着浮游动物的食物越多,也意味着狸藻的食物越多,这促进了狸藻的成长。

通常,倾向间的自催化至少有 8 种系统特性,这些系统特性一起形成了一种明显的非机械动态(Ulanowicz,1997)。例如,自催化明显是增强增长的(根据定义)。环上任何组分的增长都会造成环上其他组分的增长。而且,自催化能反映过程的形式结构或过程的配置情况。与演化讨论密切相关的是下面的事实,即自催化能够对持续变化的构成要素施加选择压力。为了弄明白这一点,假设过程 B 中自然发生了一些小变化。如果这种变化既使 B 对 A 的变化更敏感,又能更好地促进 C 的增长,那么这种变化将使 B 收到 A 增强的激励。反过来,如果 B 的变化减弱了对 A 的敏感性,又弱化了对 C 的催化作用,那么这种变化将使 B 从 A 中获得的支持减少。对浮游动物来说,如果水生附着生物变得更易

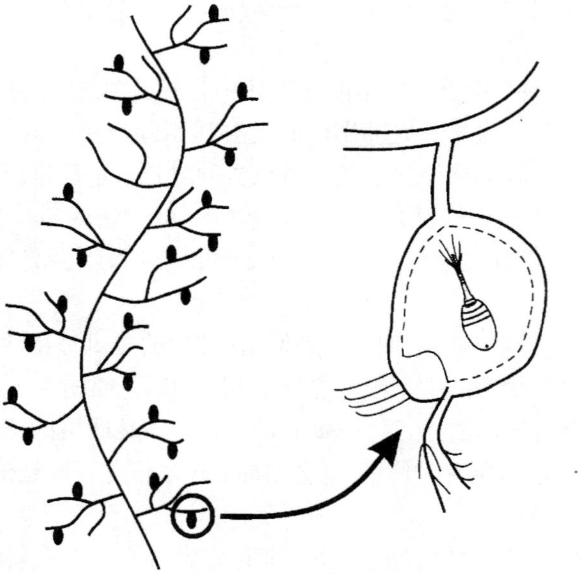

图 4.2a　佛罗里达狸藻类植物叶的素描图,以及捕获无脊椎动物后的胞囊内部结构图

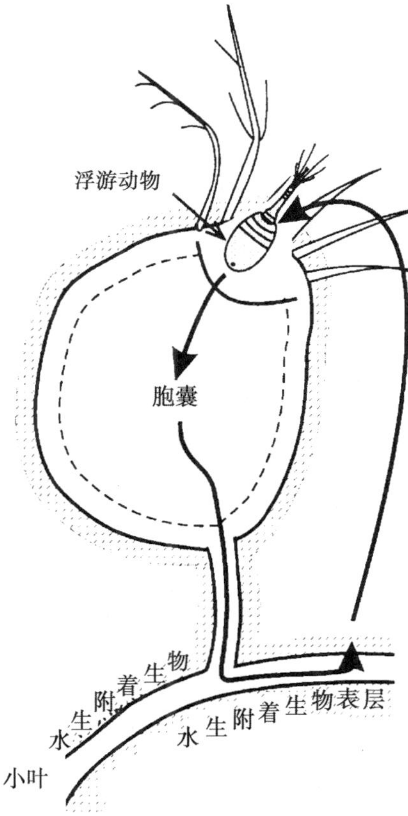

图 4.2b　狸藻系统的自催化环图（水生大型藻类的表面依附着附生生物，浮游动物以附生生物为食，而自己又会掉进狸藻的胞囊内，最终为狸藻所吸收）

消化或更佳味美，那么浮游动物就会增加，同时也会促进狸藻的增长，而狸藻的增长又为水生附着生物的生长提供了更多的表面积。反过来，水生附着生物如果朝难消化方面变化，短期内会有利于附着的海藻的生长，但长期内将减弱狸藻的生长，水生附着生物也将面临较少的栖息地。在这个系统中，自催化将选择易于消化的水生附着生物。

再次重申，自然界的所有连接都是有条件的，不是确定的。进一步我们注意到这样的选择不仅对组分，而且对过程也有影响，倾向也是如此。因此，根据固定的成分或过程（如通过因果关系简化论）来解释自催化的发展变化，无论如何努力最终肯定都是要失败的。原子论和封闭性会妨碍我们认识自催化行为，这些非机械特征有助于更清楚地解释好这个问题。

另外也重要的是，自催化施加的选择压力起于系统内部。这与达尔文有意识的努力完全相反，达尔文想通过外部的选择作用力来保护牛顿的框架。自催化反馈行为倾向于在系统中包含环境，或者将系统嵌入它的环境中[3]。

现在，需要打断对自催化属性的讨论，插入我们阐述的发展系统要依赖的第三个也是最后一个假设：因为选择作用的形式相互之间是不同的，所以必须要有办法让这些形式具体化，并能保留选择过程的历史。这也是达尔文引入科学讨论的基本原则。

Ⅲ 依据各自的历史，系统相互是有差异的，某些差异就记录在系统的物质形态中。

在今天的分子生物学中,这个假设让人立刻想起 DNA 或类似的聚合物。实际上,在系统代代相传中,它们确实都扮演着重要的角色。但是"物质形态"绝不限于保留的静态模式。必须开拓思维,因为在 DNA 之前确实就有原始有机体,而且它们也一直在演化。另外,这种记录模式甚至也没有在稳固物体上打下烙印。一个稳定的结构配置可以通过时间的检验,历史也是如此,它在时间上也具有永久性。因此,每当系统受到干扰时,那些稳定的过程都可以重构自身。社会内部的行为结构以多种方式体现了该社会的历史,行为结构的作用显然要完全超过个体的 DNA 所起的作用(Wilson,1980)。

公理Ⅲ中隐含的是信息概念,也就是 Bateson(1972,475)所称的"重要的差异"。因为生物体是异质的,它们比无生命生物体拥有更多的信息,比如物质、能量、简单分子的原子,这些是相互无法区分的。此外,物质和能量规律都是可逆的,也是守恒的(Noether,1983)。尽管如此,热力学中的熵生产是不可逆的,而且是不守恒的,信息的动态变化与此类似,在某种程度甚至可以起到补充作用。尽管信息的动态变化并没有违背自然的可逆规律,但它们也不会完全受其约束(如第 6 章,Jørgensen 等,2007)。正如 Elsasser 所言,只要足够复杂,包含信息的结构组合就能战胜物理规律。Bateson 通过区分两种基本的存在分类——早前提及的"新生物"和"佩雷若玛",无疑已认识到了这种超规律行为。与 Bateson 观点一致的是,历史能够作为判断身份的标准[4]。换言之,系统随时间变化的轨迹可以用来替代一系列存在的属性。

现在了解了系统保留历史的方式,就可以重新回来讨论自催化。这样做立刻就可以认识到有关选择的另外一个推论——它展现了一种非常重要的称为向心作用的行为。只要我们意识到 B 的任何变化都可能引起流向 B 的物质和能量发生变化,自催化的向心作用就会变得明显。例如,在狸藻案例中,在水生附着生物急需磷时,如果任何变化(外来种)能使海藻表层增加吸收更多磷的活动,那么这种变化就会通过该循环而赢利。从这一点来看,我们发现了自催化环中存在一种趋势,它奖励和支持能给 B 带来更多资源的变化。由于这样的情形适合于反馈环中所有其他的部分,所以自催化环就成了向心旋涡的中心,可以将许多资源吸收到自己的范围内(图 4.3)。甚至对缺乏空间结构的信息,自催化环也能自己找到有机物这种特性的关键点。也就是说,向心行为成了系统身份的一个核心元素。

大多数读者都非常熟悉生命系统吸收物质和能量的倾向。那些捅过住所墙壁上蜂窝的人,都会对积累的大量蜂蜜和蜂蜡感到惊奇。但是这样的聚集体只是反映了生态系统某一部分的活动,而不是整体的活动。相比,热带珊瑚礁更能说明问题。热带珊瑚礁经过大量的协同活动,从像沙漠一样相对不活跃的海洋环境中吸收了丰富的营养物。然后,就在最多陆地生物群落区生存的的底床上覆盖了土壤。通过整个群落的行动就积累了所需的土壤,这可通过颠倒上述过程来进行更好的说明。也就是说,当一个群落受到充分干扰时,它就不能再保留它的土壤。这样衰退的案例比比皆是。覆盖在冰岛上的深层土壤,它们的消失也许最让人感到惊奇[5]。仅仅是在几个世纪以前,这个岛上有茂密的森林和肥沃的土壤(Hallsdottir,1995)。为了建房和造船,人们很快就砍光了森林里的木材,同时还放任从欧洲带来的绵羊啃食这片土地(Kristinsson,1995)。今天,冰岛很多地方就像月球的表面。在 20 世纪 60 年代,NASA 就曾利用冰岛的部分土地来研讨探月计划。向心作用

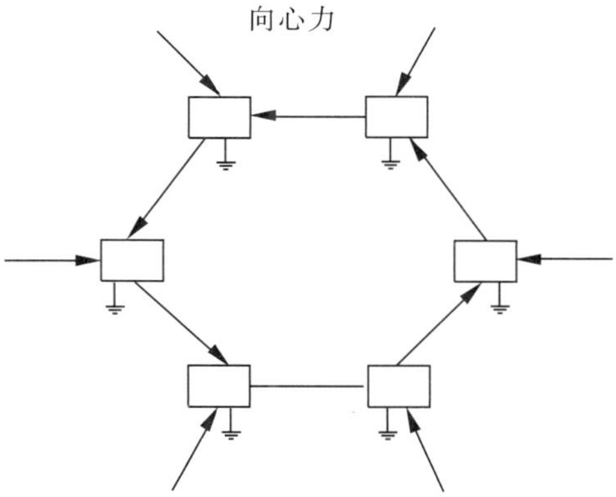

图4.3 自催化环展现的向心力

的丧失伴随着群落功能的瓦解,以及土壤的流失。

夸大向心力的重要性比较难,现在看来,生命系统这种绝对基本的属性还是被忽略啦。向心力是自催化环整体固有的一种作用力。尽管资源积累是在分室水平上完成的,但驱动力却是系统整体结构表现出来的特征。正如第2章讨论达尔文理论时谈到的,达尔文理论中一个非常重要但没有声明的前提,就是参与者力求捕获和积累资源。传统的达尔文理论没有涉及这种驱动力的起源,但是现在我们明白,这是自催化行为演绎的后果。

自催化在进化中起核心作用,著名哲学家罗素(1993,22)是首先认识到这个问题的人之一,他在"化学帝国主义"的幌子下谈到了这个问题:

任何生命都是一个帝国主义者,它们总是尽可能地占有周边的环境,播撒自己的种子……我们也许可以将整个演化视为生命"化学帝国主义"的泛滥。

不幸的是,罗素并没有解释这种"帝国主义"的病因,但从他评论的措辞可以明显地发现,他指的不是"自然选择"那样空洞的外部行动,而是那些演化讨论中忽略了的竞争,它们是系统天生的和组织固有的。因此,在传统的达尔文理论中,尽管罗素关于驱动力起源仍有点神秘,但在这里它变成了过程生态学中从第二个假设中明确推导得到的结果。

为了强调罗素赋予向心力的基本地位,现在我们声称竞争是比较的派生事物。也就是说,当两个或更多的自催化环从同样的资源库中获取资源时,就是自催化的向心力导致了它们相互之间的竞争。通过示例,我们注意到,当两个环有部分重叠时,结果可能是有一个环会被排除。例如在图4.4b中,假设新出现的成分D与成分A和C自然产出了连接。如果D比B对A更敏感,或对C能更好地起到催化作用,接着产生的动态变化可能更支持D,而不是B。B可能会逐渐退居幕后或完全消失。天生的选择压力和向心力实际上能指导成分的替换。

从选择因素作用的有机体中分离出选择因素的作用,是生态学和进化论严格遵守达尔文理论的事例。就我所知,结果在这些领域并未提供明确的自催化置换案例。但是,较少受达尔文理论约束的经济学家,似乎更容易接受自催化。比如,Igor Matutinovic(2005,12)写道:具有最强的自催化循环圈的公司经历了最快的增长,速度要大大超过其他的竞争者。有些这样的公司,通常是早期的进入者,他们选择了市场中心的位置,这样他们可

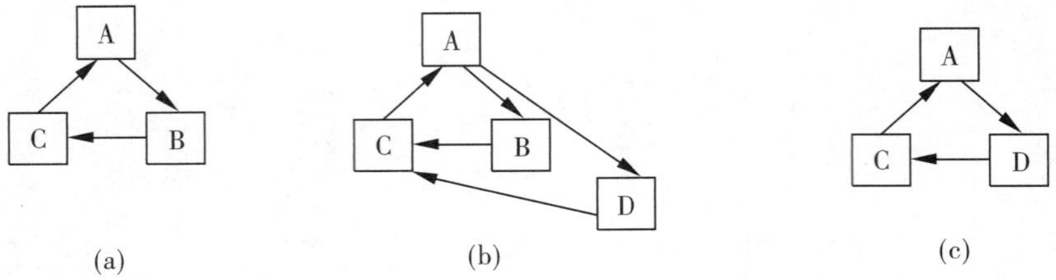

图 4.4a　初始环；图 4.4b 成分 B 和新成分 D 之间的竞争，D 对 A 的催化作用更敏感，又是成分 C 的催化剂；图 4.4c D 代替 B，环 A－B－C 变成了环 A－D－C

以为最广泛的需求服务，也最可能成为新的工业中心。

再看图 4.4，如果 B 能够被 D 置换，那么 C 也就能够被 E 置换，A 也可能被 F 置换，因此，A、B、C 循环最终可能变成 F、D、E 循环（图 4.4c）。有人得出结论，自催化形式的寿命通常要超过它的组成要素，其原因在于系统并不是依靠外部作用力来修复或发展的。也就是说，在系统内部，动态变化被完全地保留了下来（Rosen，2000）。通过例子来说明，实际上七年前组成我们身体的细胞（除了神经细胞），今天没有那个还是我们身体的一部分。我们身体中的原子也只有非常小的一部分在 18 个月前是我们身体的一部分。但是，一个母亲与孩子分开十年后，她也能一眼就认出自己的孩子。

至此，我们已经清楚过程的结构怎样从整体上影响系统的组分，系统中哪些组分可以保留，哪些组分会消失。在一定程度上，这种观察颠覆了组分指导过程的传统观念。过程作为一个整体，对创造它们的组分有明显的贡献。这种颠倒的因果效应是过程生态学研究的核心问题，它打破了牛顿理论封闭性的限制（Ulanowicz，2001）。

不应该忽视这样的事实，自催化配置是基于互惠，简言之就是基于相互关系得到的结果。尽管推动自催化只有一个方向，但结果却是互相影响的，自催化循环的优势所有的组分都可以一起分享。这种源自相互关系的竞争，代表了一种重要的对行为本体论的倒置。这种新的分类有助于澄清一些重要的事情。比如，竞争绝对是达尔文进化论的核心，但达尔文理论对合作和利他主义的起源阐述有点模糊不清。当然，也编造了一些情景，尝试将合作置于竞争的环境中（Smith，1982）。但是，在事情的发展过程中，调和的努力不可避免地将相互关系放错了位置。严格来看，相互关系是产生竞争的平台：没有低水平上的相互作用就不可能在高水平上产生竞争。一个啮齿目动物能够奋力反抗它的竞争者，原因很简单，就是因为是在互惠的网中活动（May，1981，95）。可选择的是，高水平上显露出的相互关系也可促进低水平上的竞争，正如图 4.4b 中 B 与 D 之间的竞争一样[6]。

Brian Fath 和 Bernard Patten（1998）认为，即使我们完全保留焦点层（竞争最明显的地方），也有理由相信，通过网状传播和时间演变，捕食和竞争的相互关系将由其他的相互关系所取代。当积极的间接效果超过直接的负面效果时，就会发生这样的情况。比如，Everglades 森林在雨季期间，美洲鳄要吃掉 10% 的小龙虾，海龟要吃掉 20% 的小龙虾。然而，美洲鳄也吃海龟。美洲鳄吃海龟对小龙虾来说是有好处的，因为它减少了小龙虾被海龟吃掉的数量。从数量上来看（Ulanowicz 和 Puccia，1990），美洲鳄对小龙虾累积的间接影响是正的，因为美洲鳄吃掉的小龙虾的其他捕食者，足以补偿它们直接捕食小龙虾造成的负面效应（Bondavall 和 Ulanowicz，1999）。无论两个组分之间的间接影响是正还是负，它都是两个组分间所有路径中营养交换相对量的一个函数（Ulanowicz 和 Puccia，1990）。Fath 和 Patten 认为，交换量的大小要不断的调整，最终前述的那种正的间接效应将变得越来越占主导。

这种互惠构造将不断增长，并能永久保持，这没有什么神秘的，自催化既能促进增长，又能保留所有成员的相互关系。一旦有负面的相互作用进入自催化环，它的效果也会通过环传播开来，并对某些成员造成损伤。正如我们已经看到的，有限资源不可避免地将引起其他层面上的负面的相互作用。但它们的出现是偶然事件，从哲学上来看，它们的出现是外因造成的。对照来看，相互关系从本体论来讲是最初的，它是获得基础地位的基本条件。

向心作用力进一步的特征是，它产生的驱动力指明了系统演化的方向，即更有效的自催化。在物理学的术语里，自催化的单向性指的就是对称破缺。但是，应该赶紧补充的是，不应将这种基本的方向性与充分发展的目的论混为一谈。例如，这里并没有强调必须让系统尽力朝着预先规定的目标前进。任意时刻系统发展的方向是由当时的系统状态决定的，而且状态也随系统的发展而变化。也许，这种情况可以设想成“局地爬山”[7]，系统的发展方向是由邻近的状态决定的，对遥远地方的情形并不敏感。我曾经用“终极目的”来代表这种弱方向性，以便与更稀少的、复杂的目的论行为区分开来。但是，达尔文偏爱的是后者。

然而，自催化不对称另外一个重要的方面是，当受到干扰时，自催化系统能采取自我平衡的行动，以恢复自我状态。有时候，系统是为了恢复到干扰前的状态。可谓系统自己“治愈”了自己。比如，可以设想图 4.4 中的成分 B 有了缺陷，正被同类型的 B'（代替 D）取代。通过这样的方式，系统在遭遇到一些小的偶然事件时，就能自我稳定。从等级观念的角度来看，同样的自我平衡说明，任何偶然事件的影响范围将受到更高层次自催化选择的限制。换言之，一定程度上，大系统对发生在较低层次上的干扰行动具有免疫能力。与牛顿理论的刚性和脆弱性不同，偶然事件不一定能摧毁生态系统。

选择和不对称的联合行为增强了系统内部自催化行为的倾向。这回答了第 3 章最后提出的如何增强倾向的问题。如果未受干扰，自催化在一定程度上将演变成机械的运行方式。自催化的效应是巩固“因果关系的结构”，使它在过程中缺乏灵活多样性。对过程中的约束来说，总趋势开始是弱的和任意的，产生的结果与随机过程差不多（图 2.1）。如果约束之间没有相互干扰，慢慢地这些约束开始互相加强，直到他们变得更有规律一样（图 2.3），这种转变指“开凿运河”（Waddington，1942），下一节将进一步探讨这种方向性。

总体而言，选择压力、向心力和更长的生命期证明，大的有机体结构都开始展示一定程度的“自治”。然而，对此不应感到惊讶，因为前已述及，只要摒弃原子论，这种自治就是第二个原理固有的。但这里值得重复的是，尝试将有机物系统的工作方式归为系统自身组分的行为，长期来看肯定是徒劳无益的。

从认识论的角度来看，上面描述的有机体的动态变化就是“涌现”。但是，由于人们喜欢片面地看待事物，所以通常有机体的行为都有点神秘。在图 4.5 中，如果只考虑右下角的成分(实线封闭的区域),那么很容易发现原因和结果。但是,如果将观察范围扩大到包含整个自催化环(虚线封闭的区域),那么已经枚举的系统整体特性立刻就会显现出来。例如,在佛罗里达的石灰湖中,如果生态学家只关注浮游动物消耗粘附在狸藻上的水生附着生物情况,那么他或她就不可能发现,为什么狸藻群会在那个特定栖息地占优势(Ulanowicz,1995b)。

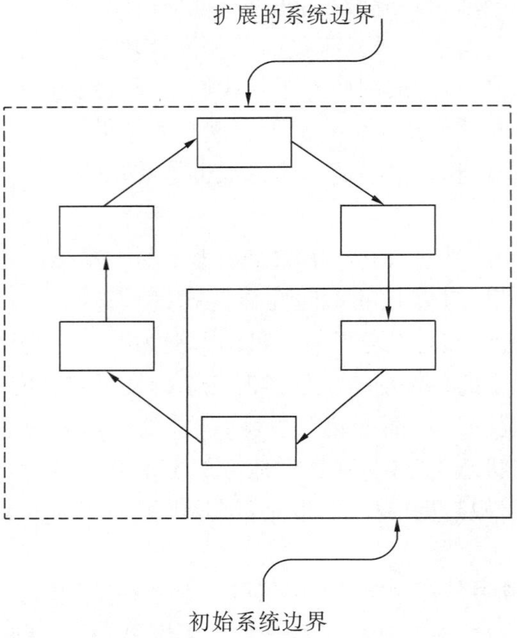

图 4.5　自催化环的两级视图(起初的视角(实线)仅包括环的一部分,它的功能十分机械;更大的视野包括整个环,带有几个非机械属性)

很清楚,这种涌现只是一种表面现象和看法。更重要的问题是,是不是系统中以前不存在的事情能够真正从系统中出现?也就是说,涌现在本体论上是不是可能呢?这里存在一个好的理由说明在牛顿理论中不可能存在本体论的涌现:封闭的限制条件排除了出现低层次上未出现事情的可能。有意思的是,普里高津(1978)创建了理论,阐述了微观尺度上的不确定性如何导致宏观尺度上的行为变化,但是他认可的不确定性是简单的和一般的,讨论的系统变化很少,通常只有两种,而且在现有系统中已存在(Ulanowicz,2005)。然而,只要仔细一起考虑新的扰动与当前的系统结构,我们确认的复杂的、奇异的事件就为认识真正的新变化提供了一种途径。当然,为了证明这些变化会真正发生,就必须证明他们是如何影响子系统的(Clayton,2004;Peterson,即将出版)。至此,我们已经说明了各种从上到下影响的可能性,第 5 章将进一步详述出现的构造是如何影响它们的组分的。

4.6　回到起点

至此已相当详细地说明了自催化环的作用。对我而言,这完全是开启了一片新天地。

在第1章中已提及,偶然的发现加快了现象学公式的出炉。在1978年,我碰巧阅读到了两位作者独立完成的有密切联系的论文,使我从中得到了启发,构建了简单的度量系统增长和发展的定量指标(Ulanowicz,1986)。

第一篇是Henri Atan 1974年的文章,在文中他提出了存在复杂性阈值的观点,认为必须超过阈值系统才能展现出“自组织”状态。换言之,系统在以某种增强自我组织的方式与其环境相互作用之前,该系统必须要有一定的复杂性。Atlan认为,人们应该利用平均相互信息(AMI)来测量“组织”的状况,AMI是来于信息论中的一种对数指标。在一个有组织的系统中,大部分组分只与其他部分组分发生相互作用,也就是说,信息和能量只是沿着选定的路径流动。那些将流量限制在给定约束路径上的约束条件对AMI贡献很大。不幸的是,尽管Atlan提出了度量AMI的数学公式,但对如何确定具体环境下的AMI值,他没有阐述清楚。

阅读完Atlan文章后一两天,我偶然发现了Rutledge、Basorre和Mulholland(1976)的文章。他们按林德曼的方式,在估计生态网络的某些定量属性时也利用了AMI这个指标。他们的目标是用生态系统网络中存在的平行连接来量化生态系统长久维持的潜力。即同样组分之间如果存在平行路径,那这样的系统就拥有后备力量。由于存在多重路径,当系统中某条路径受到干扰时,系统可以通过增加平行路径上的活动来弥补(Odum,1953)。比如图4.6中,从成分A到D有3种路径。在佛罗里达柏树湿地中,D表征美洲鳄,它吃蛇(C)和海龟(B)。这3种动物都吃小龙虾(A)(Bondavalli和Ulanowicz,1999)。假如出现了特殊情况(如物种的特有病毒)使海龟(B)的数量大规模减少,但小龙虾和美洲鳄之间的物质和能量流可通过不同的补偿方式得以维持,如美洲鳄直接消耗小龙虾(A→D)或蛇对小龙虾进行间接消耗(A→C→D)。

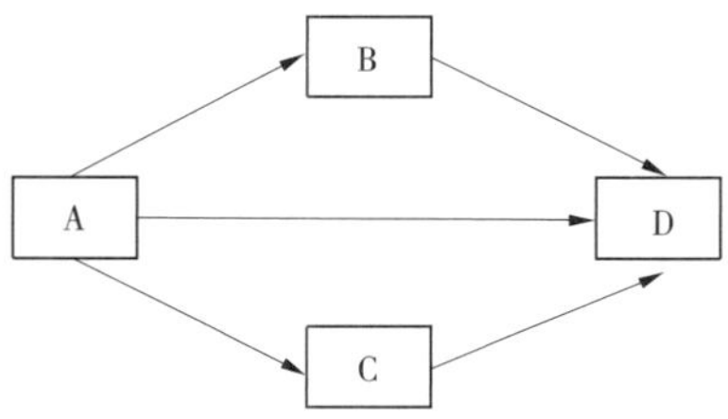

图4.6 物种A与D间的3种平行路径

读者可能已经注意到,Atlan、Rutledge及其同伴发现的相互作用是互补的或互斥的。这种对立状态反映在Rutledge等人估算这种潜在稳定性的方式上。他们建议采用“条件熵”这个信息指标来测量系统遍布的平行连接。正如限定词“条件”所表达的,条件熵的问题是难以考虑自身。它只有在涉及另外的两个网络属性后才能计算和定义。第一个是系统流量的多样性,它可以作为一个测量网络复杂性的代理指标。二十多年前,Robert MacArthur(1955)已利用信息论中的Shannon(1948)公式(通常称作统计熵)来测量多样性。第二个属性是流量结构的组织情况,与Atlan一样,Rutledge、Basorre和Mulholland都认同采用平均相互信息(AMI)指标来测量。

此处,更开阔的想法是复杂性既可以以有组织的形式,也可以以无组织的形式出现。MacArthur 已经示范如何去估计整个复杂性,如果可以量化有组织形式的复杂性,那么就能通过从整体估计中扣除有组织的部分去估算条件熵,一种残留的复杂性,也可以认为是无组织的或有弹性的。

如下式:条件熵 = 整体的复杂性 - 有组织的复杂性。

或:整体的复杂性 = 有组织的复杂性 + 条件熵。

后面的关系式说明,复杂性可分解成两个不同的组分:一个反映系统内固有的约束,另一个反映系统内所有无组织的和无约束的复杂性。这样做就从混沌中辨析出了有序。就我所知,信息论在处理约束条件和不确定性方面,是唯一使用相同专业术语的数学工具。

(部分读者可能仍然感到疑惑,为什么平行关系会增加条件熵,这是因为平行关系总是产生不确定性。比如,小龙虾体内包含的碳是直接到美州鳄的嘴里,还是通过蛇和海龟,间接到达美洲鳄的嘴里,显然是无法提前确定的。)

天才的 Rutledge 及其同伴展示了他们是如何运用拓扑学和网络流量的大小来计算 AMI 的,这开辟了一条计算任意量化网络条件熵的途径[8]。接着,Rutledge 的团队将注意力转向量化不同生态系统流量网络的条件熵,目的是弄清楚他们的研究结果是否依赖于这些系统的相对稳定性。

尽管 Atlan 一直在我脑海中盘旋,但我的注意力立刻被 Rutledge 计算条件熵时用到的中间项——AMI 所吸引。Atlan 已证明了 AMI 如何量化各种流量之间的连贯性。我激动的是,遇到了能量化定量的生态系统网络中固有组织的方法。

必须重申,AMI 和条件熵之间是互补关系,也就是说,两者的加总就是整个流量的复杂性(图 4.7)。如果整体的复杂性碰巧接近常数(具体原因后述),那么 AMI 的任何变化都将引起条件熵的改变,反之亦然。即某种程度上如果复杂性不变,其两个组成部分是竞争的,而且是互斥的:AMI 描绘系统的组织,条件熵描绘系统的相对无组织性。

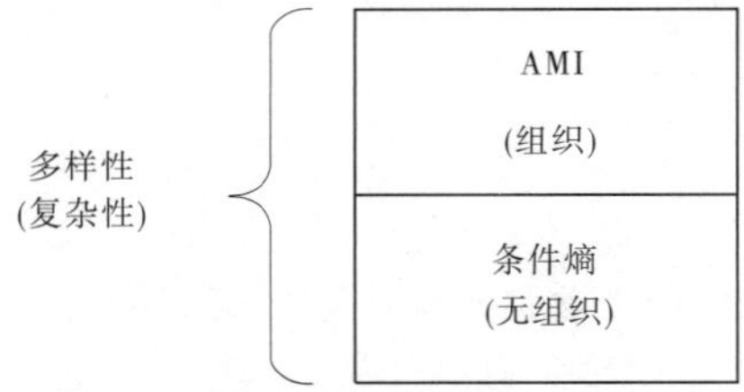

图 4.7　平均相互信息与条件熵之和即为整体的多样性或复杂性

以一种非常实用的途径,Rutledge 等人的计算方法开创了运用信息理论分析加权生态系统网络的先河。也许更重要的是,他们的研究成果统一了物质和能量,信息这两个 Bateson(1972,460)认为是生态中矛盾的方面:

当前,生态学有两个方面:第一,是生物能量学——物质和能源经济学;第二,信息经济学、熵经济学、负熵[可放能]经济学等。由于这两个方面的单位完全不同,它们并不能很好地组合在一起。

根据系统的生物能量流来解释系统信息的动态变化,Rutledge 将 Bateson 关于生态学的两个领域融合在了一起。

发现怎样去量化 Atlan 的组织，这让我如痴如醉，我立刻放下其他工作，在接下来的两周里，全神贯注于用计算器去计算各种网络的 AMI 值。计算结果证明 Atlan 是正确的。事实上，AMI 确实与直接推断的系统组织概念一致。网络受干扰后的 AMI 值总是低于它未受干扰前的值。不幸的是，我也发现，AMI 不能传递系统的“广度”特征。例如，它无法揭示系统的大小，因为 AMI 完全是由概率构成的，根据 Rutledge 的计算方法，概率是单个流量与总流量的比率，它是一个无量纲量。也就是说，在构成比率时，流量的单位全都相互抵消掉啦。因此，最后的结果显示的只是信息的维度（比如比特、耐特和哈特利），也没有揭示呈现那些信息的物理基础。

实际上这意味着，尽管皮氏培养皿中微生物群网络的 AMI 值可能是每个节点 3.58215比特，塞伦盖蒂草原上动植物网络的 AMI 值是每个节点 4.08614 比特，但 AMI 值的差异说明不了这两个系统在物理维度上相差几个数量级。接着很快就能理解，了解一个组织良好的系统是怎样组成的，这只涉及系统长期生存能力的部分内容。有组织的系统比那些组织结构差的系统要有优势，但它可能也无法与那些组织结构差一些，但更大更活跃的系统相媲美。相反，一个活力四射的系统也可能被一个小一些、缺乏活力、但组织性能要好一些的系统所取代。要想成功，规模和组织系统通常都需要。要完全掌握上升性系统的本质特征，显然需要将规模和组织纳入一个简单的指数中。

幸运的是，最近 Tribus 和 McIrvine（1971）指出，信息指标不能反映系统的物理大小。为了弥补这一缺陷，他们建议研究人员使用融信息于一体的物理系统的大小来标度这些信息参数。人们经常是用空间范围或生物量来计算生态系统的大小，但 Rutledge、Basorre 和 Mulholland 在计算概率时没有采用这些测量标准。他们只利用了系统流量和拓扑连接来构成信息测量指标。为了与 Rutledge 等人的研究保持一致，我开始寻找一种根据流量来决定规模的测量指标。

重点要关注的是各种流量，这个问题我比较熟悉。1979 年以来，有同事要我帮忙宣讲分析海洋生态系统要关注和使用流量变量（Platt、Mann 和 Ulanowicz，1981）。世界各地的研究人员一直在寻求生态系统的行为与经济系统的行为之间的联系。他们自然就想到了可根据系统总的活动量来计算系统的规模，因为对经济学家而言，经济社团的活动量是要优先于它的资本存量的。带着这种态度，John Finn（1976）和 Bruce Hannon（1973）都认为，生态系统的范围可通过加总所有在其内部发生的交换量，即“系统总吞吐量”（TST）来测量。我决定步其后尘，用系统总吞吐量（TST）来标度 AMI，这样就得到了一个我称之为生态系统上升性的指标。创建这个新的、简单的结合了规模和组织的测量指标，是希望通过它捕获系统的发展潜力，捕获系统与其他真实或假想系统的竞争能力。

也许最好是将上升性视为“有组织的力量”，因为上升性反映了驱使系统内的流量朝具体目标流动的力量，而这与那些漫无边际耗散的力量截然不同。大约半个世纪前，Alfred J. Lotka（1922）认为，系统在演化中占优的能力与系统捕获可用动力的能力有关。因此，可以认为上升性是对 Lotka 推论的改进，Lotka 考虑了系统内部动力是如何传导的。比如，在图 4.8a 中，在网络的组分（节点）之间，动力是以相对混乱的方式在流动。相反，在图 4.8b 中，流入或流出给定组分的动力选择性更强，也更确定（有约束）。另外，流量的大小也更大(用粗箭头表示)。在图 4.8b 中,增加的流动力是以一种更有组织的方式实现的,也就是说,网络 b 的上升性要超过网络 a。

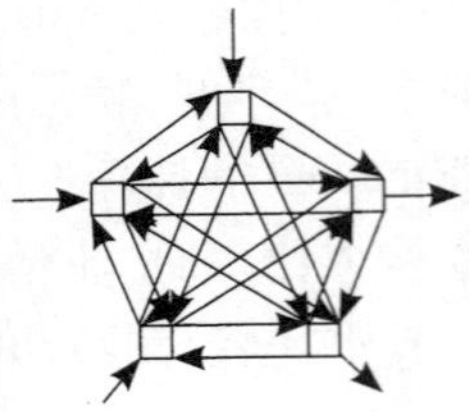

图 4.8a　具有相对混杂模式的流量网络

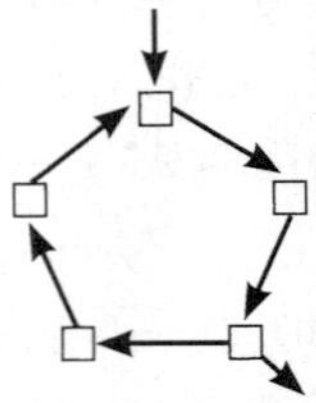

图 4.8b　流量更确定的网络(更大的上升性)

除了刚刚赋予的上升性物理维度($mg - m^{-2} - y^{-1} - bits$)外,我们选择的标量可以进一步解答 Bateson 提出的难题:上升性同时包含了系统中的物质和能量经济学(活动的大小),以及在活动结构内固有的信息经济学(Collier,1990)[9]。

如果上升性能测量某系统战胜其他系统的能力,那么就可推出更成熟的生态系统将拥有更大的上升性。多年前,Eugene Odum(1969)出版了 24 个判断更"成熟"生态系统的准则。审视这个列表,我很快就发现,几乎所有 Odum 的准则都与上升性增加有关(Ulanowicz,1980)。最后,它激发了我对上升性做出如下表述(Ulanowicz,1997,75):

在缺乏主要干扰的情况下,随时间生态系统有呈现更大上升性的趋势。

这种现象学描述可使人们明确定量生态系统的发展轨迹。而且,这与早期的 Lotka 最大功率原理类似(Odum 和 Pinkerton,1955)。另一方面,那些熟悉最优化的读者也会被这些尝试性的、小心谨慎的呈现逼近上升性的偏差方式所打动(Mueller 和 Leupelt,1998)。这种模棱两可与 Lotka 原理表现出来的强制性的机械特征形成了鲜明对比。正如第 3 章中提到的,增加上升性明显是一种统计趋势,缺乏强制作用,这要归功于增加上升性背后的偶然作用力。

当然,增加上升性并不是系统发展或进化中唯一起作用的趋势。顺便回想一下,与其说 Rutledge、Basorre 和 Mulholland 感兴趣的是组织和功率,还不如说是组织的补充成分——"条件熵"或网络适应新的、未预见干扰的自由状态。他们关注的焦点是网络中的平行路径如何促进系统的缓冲作用,正如图 4.6 中的简单多重路径、图 4.8a 中的大量路径所表明的。另外,图 4.8b 表明系统缺乏冗余度。

平行路径不是条件熵的唯一来源。正如熵这个词所表明的,热力学耗散、新陈代谢等都对熵有影响,在加工物质和能量过程中的各种无效率、其他时空不一致的影响因素也对熵有影响(Ulanowicz,1986,104)。无组织的现象与有组织的系统活动对上升性有近乎同样的贡献。因此,我选择用 TST 来标度条件熵,就如同用 TST 来赋予 AMI 物理维度一样。得到的指标与上升性呈现互补关系,我称其为杂项开支。

4.7 自然的相互影响

运用信息论来描述任何系统具有一个优势,它可以明确从现存的系统结构中辨析出有序和混沌的相对大小。因为上升性反映了系统具有的组织力,而杂项开支测量了那些目前没有组织起来但储存在组织中的行为,它们的和反映了系统总的发展能力。信息论的数学方法显示发展能力等同于用 TST 标度后的各种流量多样性(Ulanowicz 和 Norden,1991)。经过一段时间之后,发展能力接近极限,系统差不多处于一种稳定状态(Ulanowicz,1986,105)。极限部分可归于可获取资源分割的精细程度(Pielou,1975)。但是不能无限地分割下去,分割的成分必须不能小到不能生存下去。尽管如此,发展能力存在极限并不影响将它分割成上升性和杂项开支。任何一方都可能以消耗对方为代价来增长。也就是说,几乎处于稳定状态的发展能力使上升性和杂项开支处于一种不可避免的冲突状态中。因此,任何一方的增加都意味着另一方的减弱,反之亦然。现实中的系统都是呈相反作用趋势的上升性及杂项开支相互作用后的结果。

从我个人的经历来看,上升性和杂项开支之间的对抗趋势,或性能与可靠性之间,除在可靠性工程领域中外,在其他领域都没有得到广泛的评价。很多人都想鱼和熊掌兼得,即将系统设计成既有高性能又具备低风险。然而相反的例子却很多。比如,在生态学中,那些最不适合竞争的物种对避免被捕杀几乎不投入任何能量,而那些发展了重要的结构,具备生化防御技能或行为的物种几乎不会投入资源来快速繁殖。在航空中,新飞行员是在低性能但稳定的飞机中训练。战斗机只有设计成亚稳定的结构,才能获得高性能。在灾难不明显的时候,我们经常并不会评价冗余度的值,很多时候,甚至事后也没有认识到这种对抗作用力,这一点在 1989 年美国太空计划中的挑战者号灾难事件中就表现得很明显(Ulanowicz,1997,157)。在经济学中,也有很多类似的例子,比如简单生产、快速组装的产品具有竞争优势等。为了更好地描绘现实系统是如何形成的,我们必须注意系统有序增加背后作用力的本质特征,在一个相互影响的世界里,我们必须这样做。

5　进化系统中的作用力

赫拉克利特说得对：我们并不是要讨论的目标，世界的本原是火。或更直接地说，我们就像细胞一样，是一些新陈代谢的过程；或是一些化学反应的路径网。

——卡尔·波普尔《带倾向的世界》

5.1　一般的对话

前两章我们试图回答两个互补的问题："事情是如何变化的？"以及"事情是如何持久的？"正如在第3章开头我们讨论的，这些问题的答案与变化和静止的关系有关。这也是将希腊哲学划分为两个学派的核心问题。在一定的程度上，我们的答案是对立的。一方面，热力学第二定律表明无处不在的随机性（普通的或基本的）一直在破坏和侵蚀系统。另一方面，控制论的倾向，如自催化有能力使系统有序并纠正混乱。所以，两种趋势以辩证的方式相对抗（Ulanowicz，2006）[1]。Diogenes 描述了赫拉克利特怎样将现实视作"建造与毁灭"这两种对抗趋势作用的结果。

辩证的交流从定义上看是二元论，显然这不是标准的笛卡尔语境下的解释，显然与大部分科学想以一元论的方法描述自然存在分歧。一元论喜欢用公式表示"统一场理论"，或为自然附上一个有重要意义的目的，它们采用的方法通常就是"变分法"[2]。在物理学中，众所周知的是，所有可逆的物理法则都可用变分原理表示。比如，牛顿的第二运动定律经常是用微分方程的形式表示，但它也可以用哈密尔顿的变分原理表示（Long，1963）。哈密尔顿原理告诉我们，在一个物体所有可能的轨迹中，它会选择最小化机械能的轨迹。许多意识形态都是建立在这样的狭隘概念基础上。比如，许多经济学家就将市场效率推向极致，将它作为所有政策制定的必要条件。

Bateson（1972）提醒我们注意，流行的解决问题的方法存在很大的问题。生命系统中争抢资源的事实让我们对此有了一个初步的了解。Bateson 藐视传统靠单目标驱动解决问题的方法。也就是说，一般一个人表述一个问题都要定义目标，然后构造一种直接达到目的的方法。这听起来完全合理，在那些资源丰富，作用力量分布稀疏且存在很弱的相互联系的案例中，这种方法很适用。但在一些复杂的情形下，几种作用力量相互邻近，这时再按上述方法解决问题带来更多的就是混乱，而且远甚于实现目标得到的好处。

Bateson 厌恶一元论，他明确表示牛顿理论不能全面描述生命系统的动态，因为辩证关系无法用算法表示（Vanderburg，1990）。他的关注超出了这些讨论的范围，在生态系统中忽视间接效应，或根本就不考虑波普尔的推论——一元论的方法完全忽视了对抗作用，而对抗作用是生命系统的基本特征，也是维持生命系统的基本作用力。Bateson 敏锐地意识到，要解决问题需要一种全新的方法。目前，缓解这种冲突的方法是成本－效益分析方法。后面我们还将讨论在多过程中缓解冲突的方法。解决任何问题都难以回避下面的基本事实,即我们复杂的动态世界是二元的。坚持采用一元论的方法来达到具体目的,而排除补偿作用驱动力的影响,最终可能带来的是巨大的灾难,如挑战者号航天飞机的灾难。

坚持使用机械方法来达成目标,造成错误的概率会大大提高。如果我们生活在一个机械的世界中,使用机械的办法解决问题当然就不会有什么问题。在当代世界上,盛行的多是一元论者的意识形态,他们的信徒也往往无视现实的辩证属性,而一味地支持机械的"科学"方法。经济增长往往对支撑社会的自然环境考虑不够。基因工程往往追求特定目标,而无视其产品正常运行的环境。所以,在这样的环境中,Bateson 能够保持清醒的头脑是值得庆幸的。这也是他能够向传统科学的隐含假设发起挑战的立足之本。

在动态的生命系统中辩证的分析方法并不好用,因为同时很多相互影响的作用关系在起作用。我们已经看到,没有偶然性事件的干扰,系统中就不能出现新秩序。而且,在第 4 章已经提到,自催化能将系统推至机械状态。在自催化过程中有些连接可以变得非常强,但它是以牺牲对自催化贡献微弱的联系为代价的。平行路径中竞争失败的路径将会减弱或消失,导致最终起决定作用的是另外的路径。用 Crawford Holling(1986)的话来说,这样的系统是"脆弱的"系统。Crawford Holling 因研究单一云杉林中蚜虫的爆发而成名(Holling,1978)。很大一部分物质和能量流都经过云杉林为节点的主要路径。上升性以消耗杂项开支的方式增长很快。在这种情况下,对于占优势地位和高效路径的任何干扰很容易造成严重的影响。所以,尽管生命系统的维持和发展依赖于能构造结构的自催化。但如果排除了太多随机的、低效的、冗余的路径,对新的干扰系统响应将是灾难性的。

反过来,随着自催化提升系统的聚合能力,系统的耗散率也会随之增加。在计算机设计中,这种复杂性和损耗功率之间的正相关关系是一个众所周知的问题(Bose,Albonesi 和 Marculescu,2003)。在个体发生学中,在胚胎中的复杂性开始萌芽的时候,耗散率增加与胚胎发育过程中的阶段紧密相关(Zotin,1997)。生命系统中更多的结构会导致更大的熵产生,很多作者(Ulanowicz 和 Hannon,1987; Lorenz,2002)讨论了这个问题。

从更高的角度看待辩证关系,而不是仅仅看成是敌对关系,这主要归功于黑格尔。黑格尔指出两种对抗的趋势,在更高的尺度上可能变为相互依赖的(Salthe,1993)。这种更高尺度上的相互依赖关系限制了上升性与杂项开支的对抗关系。也就是说,只要系统不消失,双方谁都不能将对方完全根除。正如怀海特(1929,515)的著名评论:"过程的艺术是在变化中维持有序,同时在有序中体现变化。"

如果以牺牲杂项开支(自由,可靠性)为代价,系统的性能(有序,上升性)变得很好,那么这种系统就会变得"脆弱"(Holling,1986),而且在一些新的干扰面前很容易崩溃。反过来,如果系统的组织结构松散(太多的杂项开支,缺乏上升性),那么它很容易为具有更大凝聚力(上升性)的系统所取代(Ulanowicz,1986,114)。

从焦点层上来看,很明显这两种趋势是对抗性的。但在其他的层次上,它们有时是相互需要,甚至是相互支持的。二者如影随形,相生相伴,分析问题的时候只注意其中的一面是不全面的。前面已经提到,很多经济学家将追求市场效率推向了一元论的极致。在这个过程中,他们忽视了赋予社会可靠性的东西,如功能多样性及财富的公平性(如 Daly,2004)。带有这样的热情,显然他们无意让社会衰退。如果读者从这本书中只学到了单方面的想法，比如追逐一个简单（变分）的目标，而无视其对抗的组成部分，那最后无疑是得到一个坏的结果。在进化这出大戏中，方向是基本的成分，但就像衍生这些方向的倾向一样，它们是不可能孤立存在或产生的。

5.2 有机体系统

复杂系统中的因果关系要比封闭性条件下的因果关系复杂。为什么生物系统中的因果关系不能完全解释为严格的、机械的和决定论的？这前面我们刚进行了讨论。这也是我喜欢用自上而下的影响，而不是自上而下的因果关系的一个原因。现在看来，随处可见的机械因果论更像是一种特例而不是规则。但我为什么勉强使用呢？这有另外的原因，就是我不想过多地着眼于有机体。原因其实前面已经提及，个体发生学是想更深地理解生命系统的增长和发展，而我认为生态学提供了一个比个体发生学更广阔的舞台。我担心一开始就将目光集中在有机体上会使我们的讨论复杂化。尤其是，个体发生学的机械约束容易让我们忽略有机体行为核心处的动态（Ulanowicz，2001）。就像我们看到的，当生态学家拒绝 Clements 的机体论时，严格的约束使很多人不愿将生态、经济、社会这一复杂系统类比为一个有机整体。甚至后来对于生物系统的研究方法，如自创生理论（与过程生态有很多共同点），也是从有机体开始，并采用了明确的机械观点（Maturana 和 Varela，1980）。有机体中遇到自上而下的影响，比在生态系统或社会系统中要更强烈一些。有机体中的控制力量使得很多人，如独裁者或想成为独裁者的人，使用有机体来类比他们的政府，从而证明他们对社会"器官"（如出版物、劳动力等）的机械控制是合理的。不幸的是，这些实践给有机体理论带来了坏影响。

尽管如此，Clements 将生态系统和有机体类比也不是完全错误的（Ho 和 Ulanowicz，2006）。只是有机体受到了过多的机械控制而已（Ho，1993）。为了正确进行类比，同时又采用严格的自上而下的机械控制，我曾经建议将那些具有有机体的行为，但又比有机体更灵活的整个生命系统称为有机体系统（Ulanowicz，2001）。也就是说，有机体系统一定程度上表现出了自上而下的选择性以及系统的一致性，但是这些影响比有机体中发生的要弱得多，也没有那么程序化。在有机体中，系统的发育偏机械化，通常包括在自己身上构建一层层的覆盖物（如动物的皮毛或包裹器官的膜）。

5.3 有机体中的褶层

看起来自上而下的影响是更高层系统的一个定义特征，但在物理领域，还原论在更低的、不复杂的层次上很适用。原因在于，假设分解的最小粒子是最简单且最持久的，它们可以很好地逼近现实。当一个人处理从最简单的亚原子世界（如夸克）到更大尺度上的原子或分子时，粒子的组合会越来越复杂，但生命周期会越来越短。这两种特性使这些混合实体很符合牛顿假设。

现在，通常认为更高层次上的系统比下层系统要复杂，这是因为我们是在俯视这个等级结构，所以不同水平上的复杂性是累加的。但首先需要注意的是，不是所有的复杂性都是以有组织的形式出现的；其次，如果从水平角度来观察（以它们作为焦点层），整个系统看起来会很不一样。水平角度看到的很多东西都具有丰富的自由度，而且该水平上的组织也不会表现出发达的特征或刚性特征，就像它在一个更低水平上一样，这时它是有机体本身。除此之外，在整体水平上，任何组织都会比自身的组分存在的时间更长。换句话说，最高层的实体相比低层的实体，不仅组织结构简单，而且存续时间更长。这与低阶物理水平上的情况截然相反。这种颠倒关系说明，宏观尺度上应该更容易按自上而下的模式进行阐述。

在数学上，当一个轴上两个点遇到方向反转（更精确的说是梯度）的情况时，这些点上必然发生下面的事情：要么是取了极值（最大或最小），要么是经历了一次巨大的不连续（一种不连续的跳跃或病态的奇异点，两者都是一种障碍，减少预测能力和从反方向的控制能力）。更可能是突变[3]，下一部分阐述的原因将使此点更清楚。众所周知，在突变点的两侧，大部分系统的表现会截然不同。从固体到液体的相变，是马上就可想到的一种最简单的突变。为了不混淆普通和技术意义上的突变，我选择称这个转变为有机体的褶层（在突变理论中，一种基本的不连续称为褶层）。在有机体褶层的两边，自然系统的作用力反映的动态通常会完全不同。

读者可能会问，沿系统复杂性的数轴有机体褶层可能会存在在哪里？目前，只能猜测其位置，我的推测是，当系统包含的聚合体超过了30～50个单体（可与其他分子结合形成聚合物[4]的分子），而且有足够的多样性后，系统的动态行为就会发生剧烈的变化。我的理由是，在决定未来事件上，系统的组合开始完全盖过规律起作用的地方，依赖于许多可区别的单体，应该就存在于反映分子复杂性的区间中。超过这一点，可以预期过程将会取代规律，成为系统结构和行为最有效的决定因素。只要实体组合的数字远大于存在的物质数量，奇异事件和突发行为发生的概率就会显著增加。这样复杂的分子应该有足够的多样性，以致它替代一个或多个单体不一定会引起其形态或动态发生巨大变化。（我们所关注的是大尺度的变化，尤其是其中不合常规的例外，而不是规律，这些变化都是由于替代了核酸或蛋白质中的单体而引起的）。同时，一个含有30或50个单体的分子应该足够复杂，以致于是独特的。（在估计地球生命必需的分子数时，我们并不需要像Elsasser那样，考虑宇宙中所有的10^{81}种简单粒子才会碰到独一无二的事物。接近初始地球生物圈中的原子数应该就足够了）。

5.4 演化就像葡萄藤一样

这部分的主题是有关有机体褶层以上的系统，这里是自上而下的影响最容易发生的地方。因果关系中形式因占主导，会使演化理论与当代研究中的理论完全不一样（Ulanowicz，2004a）。例如，著名的哲学家Daniel Dennett（1995），他将复杂的生物实体的演化比喻成“起重机上的起重机”，新的特性被提升至起重机的顶部，接着又继续往上建造另一架起重机，如此循环下去。Dennett提醒读者不要考虑上面的影响，因为它们无法与下面小尺度的作用力建立联系，这样禁止的一种作用力量，他称为“架空吊车”。这是可以理解的，因为自上而下的影响中有很多都属于超出人类经验的影响因素。但是，总的来说,我认为他的比喻是错误的,就像 Elsasser 和 Bateson 的一样,就生命系统的动态过程来说,我认为很多(如果不是全部)机械比喻都是生搬硬套的,最后肯定会提供扭曲的结果。Oliver Penrose(2005)的比喻可以解释,因为很多人是用蔷薇色的(牛顿式的)有色眼镜看待生命系统的动态,所以看到的结果也是蔷薇色的(机械式的)。Dennett 的比喻使人们的注意力偏离了事情的本质。

由于不满意 Dennett 的比喻,我觉得有必要为演化过程找一个更朴实的比喻。有一次我在自家的花园里闲逛的时候,对此事陷入了沉思,也就是那次我经历了人生中唯一一次的"灵光突现"(Ulanowicz,2004a)。在拔杂草的时候,我突然注意到花园围栏转角处长了 25 年左右的葡萄藤,在我刚种下它们的时候,主藤爬上围栏成为主干,并从它身上繁衍出次生葡萄藤(图 5.1a)。接着,水平藤的不定根在离主藤不到一米的地方接触地面(图 5.1b)。然后,在后面的几年里,主藤死亡并完全腐烂,新根也会慢慢长得相当粗壮,最后整个藤将由新根来支撑(图 5.1c)。

我当时灵光一闪,这是描述演化动态更合适的比喻!葡萄植株代表了跨越几个等级水平的演化系统。由于系统总与自下而上的因果关系有联系,所以在此述说中没有涉及架空吊车。与过程生态的情景一致,更高层的结构创造了新根,并最终取代了早期的老根。这类置换在解决下述迷团中起了重要作用,新出现的结构和动态如何影响在自身水平上起作用的低层事件。

这种自上而下的影响一般称为随附性,但其定义由于过度使用,以至于有些混乱[5]。我用"自上而下的作用"来指这种现象,并指出非常难以具体解释这样的影响(Peterson,未发表)。这个难题的答案,因葡萄藤而简化——更高层上的作用力量不是简单地影响它们的祖先,而是取代它们。要了解原因,就需要关注事件的时间变化。

新的动态实体出现的第一步,因为任何过程、规律或偶然事件(初生藤和枝)的作用,都可能形成上层的动态(如自催化结构)。一旦自催化环形成,它就会开始以第 4 章提到的几种方式发挥作用。它不再是完全根据创造者的命令行动(部分是自发行动)。偶然可能会与资源建立一些新的连接(不定根)。自催化带来的反馈会给予上层结构更好的支持,使其更长久(新根变粗)。最后,尽管上层结构起源于这些初始的连接,一些新的连接将会比初始的连接更加有效,从而新的连接将取代旧的连接,初始主干消失。这一整串替换我称之为时间上自上而下的作用。

我们已经有了一个推定的例子来说明时间上自上而下的作用:DNA 的出现和它所替换的早期信息储存方式(Deacon,2006)。另外一个例子有核酸的活化(通过乙酰化)和抑制(甲基化)在个体发生学过程中所起的调控作用,它们保护调整的状态,即使在初始的活化因子和抑制因子不起作用后也是如此(Davidson,2006)[6]。

按照定义,所有的比喻都是不完善的,经不起逐字推敲。比如,有读者可能就会迅速指出,葡萄藤长不定根这在物种基因组中是有编码的。确实是这样,但这完全与动态无关。而且,Dennett 的比喻也有一定的价值,它强调了历史在进化中起的作用。比较起来,我的比喻则强调了动态的作用力量能够取代一些(当然不是全部)系统的历史,事实很可能是这两种情况的组合。同样,需要注意在关注向下的影响时,我们不应该忘记自然界的因果关系是自上而下和自下而上的双向影响作用的结果。

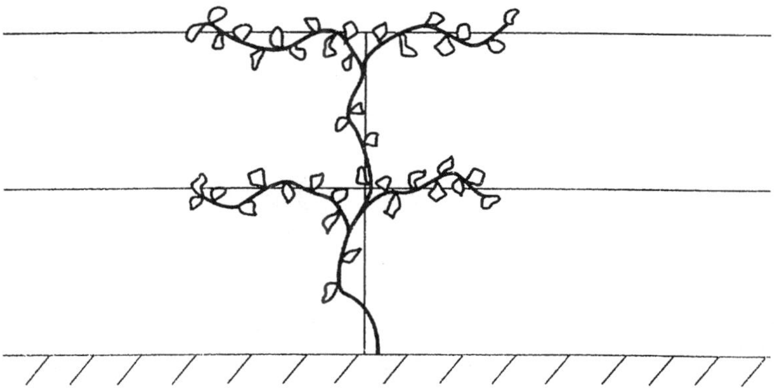

图 5.1a 有主干和分支的幼葡萄藤

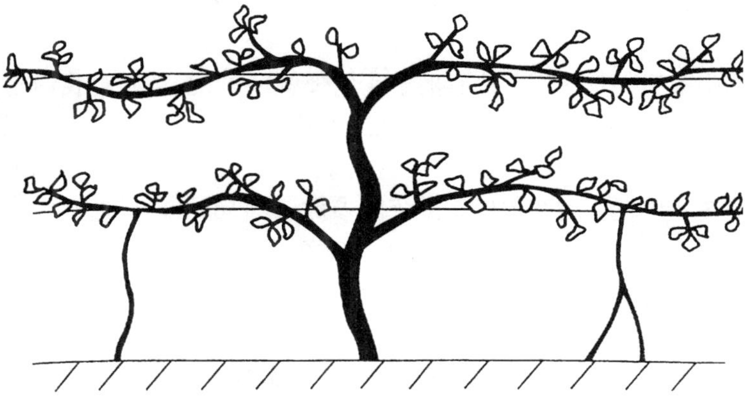

图 5.1b 几年之后，葡萄藤的主干上有了发达的不定根

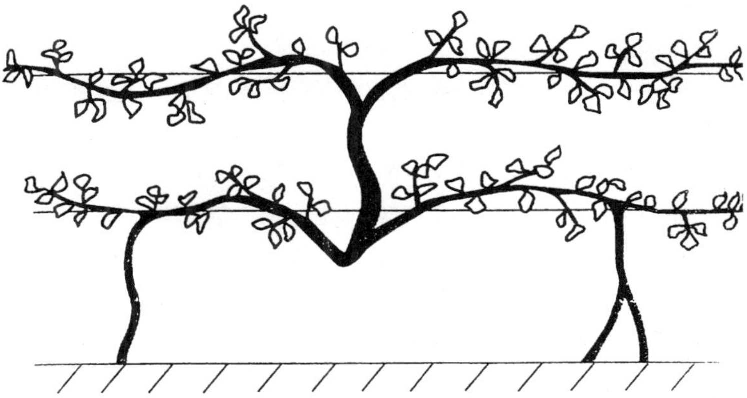

图 5.1c 二十年后，葡萄藤的原主干腐烂，不定根维持其生长

最后就这个主题说一句,我们需要更朴实的比喻来反映历史的和新生事物在进化上的损益关系。

5.5　卓越的简单作用力

过程的配置有时以自上而下的方式起作用,这个观点是激进的,有些人甚至可能将其当成异端邪说。但它对我们理解生命的意义来说是绝对重要的。对基于这种过程模式的行为,为了强调它的重要性,我用刚被猎人猎杀的鹿作为例子来进一步说明。Enzo Tiezzi (2006)在死鹿与活鹿有什么不同? 它的质量、形式、束缚能、基因组,甚至它的分子组合,实际上在鹿被猎杀前后都没有什么变化。鹿死后不再出现的特征是与活鹿共存的过程,也就是鹿被看成活鹿的那种作用力量。

5.6　量化增长和发展

想像自然中因果关系的新方法有助于我们理解现象,但是如果我们是在从事科学研究,那至少需要能将这种散文转化成数学表述。就此而言,我是比较幸运的。因为就像在第 1 章提到的一样,我的过程生态研究是从现象学(如定量的)发现开始的,也就是说,奥德姆诊断的描述一个发育良好的生态系统的参数,它们都可以概述成一个数量指标——网络的上升性(Ulanowicz,1980,1986)。这个现象学的观察让我将生命系统关键的作用力量集中到过程的配置上,还提供了一整套的文字描述。现在就返回到上升性,看这个指标如何反映自催化环造成的约束。

总结已经讨论过的有关发展的内容,可知在系统网络中,自催化的作用是双重的。首先,根据定义,自催化反馈可以增加系统总的活动量。第二,它趋向于增加自催化环上连接的流量,削弱其他的过程或连接(图 5.2)。第一种效应建立在系统的大小上,用热力学术语讲是种广延量。第二种效应只与交换量的相对大小有关,所以在性质上独立于系统的大小。用热力学术语讲跟踪的就是一种"强度量"。

需要强调的是,只有能够充分测量系统中的交换量,才能测量自催化的强度效应。现今大部分网络理论的文献都难以达到这种要求。大多数文献仍然在处理节点之间等量的无向连接,最好的情况是有些给出了效应的方向。我反复重申,生态学的传统从一开始就是要区分各种流量的大小。不知道交换量的大小,我们就不能区分和量化图 5.2 中描述的自催化引起的变化(第 6 章将会有更详细的描述)。

所以,尽管知道捕食者 j 在消耗猎物 i 也有一些帮助,但还是需要估计单位时间内猎物 i 向捕食者 j 转移了多少。这个转移量称为 T_{ij}。图 5.3 是一个简单的数量生态网络的例子,这是阿肯萨州一个叫锥泉的淡水泉生态系统,Tilly(1968)估计了 5 个基本组分之间的转移量。例如,组分 4 由食腐质的动物或无脊柱动物组成,组分 2 是碎屑,它与组分 3 细菌有紧密的连接。食腐质动物消耗碎屑 2309kcalm^{-2}y^{-1},消耗细菌 75kcalm^{-2}y^{-1},所以 T_{24} = 2309 kcalm^{-2}y^{-1},T_{34} = 75 kcalm^{-2}y^{-1}。

如第 1 章提到的,简单的将所有的流量相加,就可以估计锥泉生态系统的总吞吐量

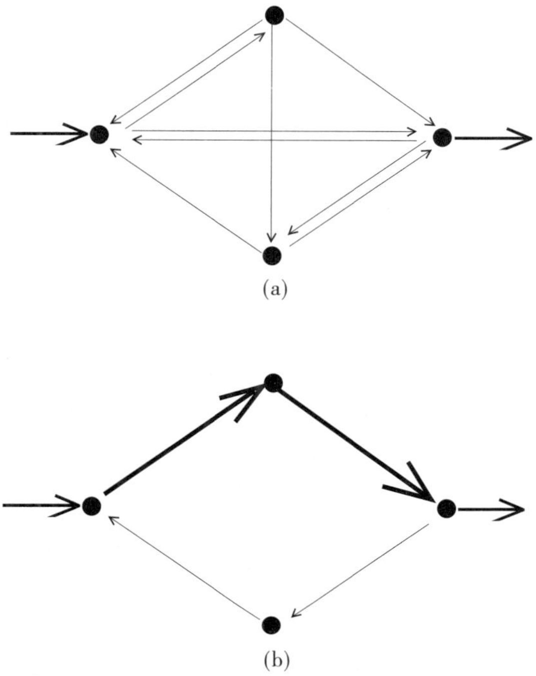

图 5.2 假想的四个组分的系统中自催化的强度效应和广延效应组合图
(a)早期的网络流量图;(b)在系统总的活动量增加后(用带箭头的粗线表示),
无效和冗余的路径剔除后的网络流量图

(TST),这是一个广延变量。在锥泉的例子中,所有的流量加起来等于 42 445 $kcalm^{-2}y^{-1}$。可以推测,任何激励经由自催化对锥泉生态系统造成的影响,都可以通过这个加总量的增加反映出来。

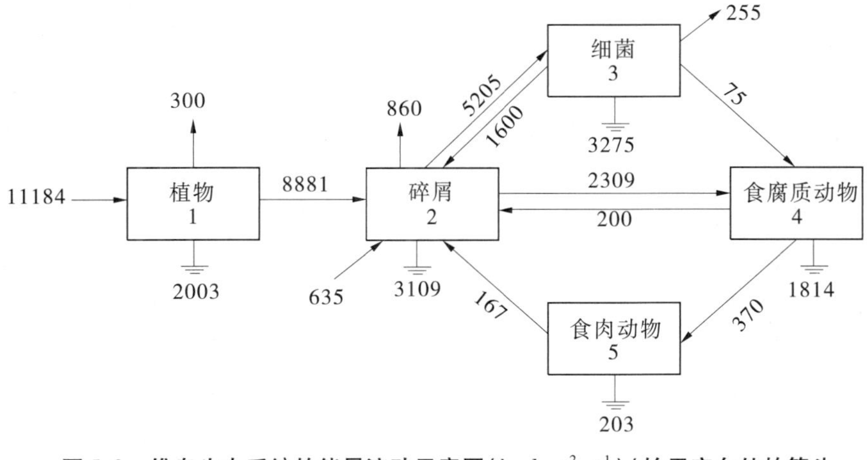

图 5.3 锥泉生态系统的能量流动示意图($kcalm^{-2}y^{-1}$)(始于空白处的箭头表示外界对系统的输入,止于空白处的箭头表示系统对外界的出口,接地符号表示耗散)

自催化的强度效应就像“剪枝”(图 5.2b),有点更难量化。正如第 1 章中提到的,连接模式中有组织的和混沌的组成部分都可以用信息论来量化(Rutledge,Basorre 和 Mulholland, 1976)。这里不探讨信息理论有多复杂,对数学细节有兴趣的读者可以参考下述文献:Hirata 和 Ulanowicz(1984),Brooks 和 Wiley(1988),Ulanowicz 和 Norden(1990),还有 Ulanowicz(2004b)。所有的信息测量都可以通过组合各分室流入和流出的流量比例的对数来计算。为了让读者对这些测量有个大致的感觉,下面采用一个分室有 3 种不同流量的 3 种模式来进行说明(对于 AMI 计算没兴趣的读者可以跳过后面 5 段)。

在配置 a 中,每条路径流出总流量的 1/3,取第一个 1/3 的负对数(以 2 为底)就可以得到信息论中的惊奇,在本例中,其值为 1.585 比特。(1 比特是解决一次二元判定所需要的信息量)。将这个计算称为惊奇,是因为当一个事件发生的概率非常小时,它的负对数就会变得非常大,也就是当一个稀有事件发生的时候人会感到惊奇。惊奇与自身的概率(1/3)相乘得到不确定性(0.5283)。对中间范围的概率来说,不确定性的测量值很大,这是因为概率值接近极值(1 或 0)的事件,其实都受到了强约束。(它们大致是确定的情况,就像在图 2.3 中一样,所以它们的值接近 0,或因为有外界影响而保持最小)。针对其他的两个流量(a 中)进行同样的计算,然后将 3 个结果加起来,最后得到值为 1.585 比特,这反映了 3 个流量的平均不确定性。我们注意到,如果将对数的底改为1.585,结果正好是 3,可以确认是 3 个相等的流量在离开分室。

计算配置 b 整体的不确定性,得出的结果较小为 1.281 比特。这说明情形 b 比 a 的不确定性要低,也就是要受到更多的约束,似乎有些(很可能是未知的)约束在起作用,从而造成更多的介质从底下的路径离开。因此,不确定性的减少量(1.585 - 1.281 = 0.304)可以看成是量化了所有约束(显型和隐型)的强度,这些约束使介质偏向从底部出口流出。这个差异体现的就是系统中的信息[7]。

将底数 2 改取为 1.281,得到的值为 1.641,这个结果可看成是流出分室的“有效流量数”的度量。从拓扑学的角度来讲(定性的角度),可识别 3 个流量流出分室。超过一半的流量是从底部箭头流出的。尽管如此,在计算中它们的加权值也更大。因为出口由下方路径支配,离开分室的有效介质不到两种路径。Chesapeake 生态系统中刺水母组分的碳流量(Baird 和 Ulanowicz, 1989)与配置(b)中的情形类似。流出的总碳量为 1600mgCarbon/m^2/y,188 个单位以微粒碳沉到了底部,447 个单位作为颗粒悬浮在水柱中,大部分 1076 个单位以 CO_2 的形式呼出后溶解在水柱中。流出此分室的有效路径数是 1.951,将值限制在 3 以下的约束是水刺母相对高的呼吸需求。

在组合 c 中,加权的效果变得更加明显。从图中可以发现,有非常强的约束在起作用(如可能是自催化引起的),从而大部分的流量都从底部路径流走。此例中的不确定性仅为0.089 比特,相应的约束强度达到了 1.496 比特,有效路径数为 1.064,表示的意义从图中可以看得非常明显,只有比一条稍多的有效路径流出分室,顶级捕食者的输出与这种模式相似,即几乎所有的产品都以呼吸的方式离开系统,而很少流向其他消费者。

计算平均相互信息(AMI)与我们计算图 5.4 中各个分室中的约束强度非常相似,只是平均的环节扩大到了整个系统中(Hirata 和 Ulanowicz,1984)。就图 5.3 锥泉的例子来说,AMI 为 1.336 比特。这个值经用系统的总吞吐量(42 445kcalm^{-2} y^{-1})标度后,得到了锥泉网络上升性的值为 56725kcal-bits m^{-2} y^{-1}。

自催化行为通常表现为上升性的增加,为了让读者更好地理解这一点,图 5.5 中提供

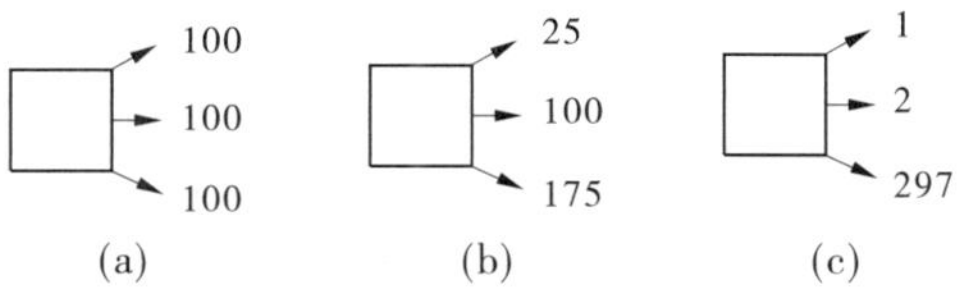

图 5.4 假设分室中总流出量为 300 单位的 3 种分布情况

了 3 个假想的发展阶段的例子(图 5.5)。3 个网络的系统总吞吐量都相等(120 流量单位)。在配置 a 中,很多活动都是系统的流入和流出,内部的循环较少,导向约束较弱(每个分室流向其他分室的流量相等)。上升性的值是 43 个流量比特。在网络 b 中,一小部分流量是与外界的交换,与其他分室之间的交换也是明确的。(从每个分室出来的流量仅与余下 3 个分室中的 2 个有连接。)上升性的值(同样数量的总活动量)翻倍达到了 89 个流量比特。

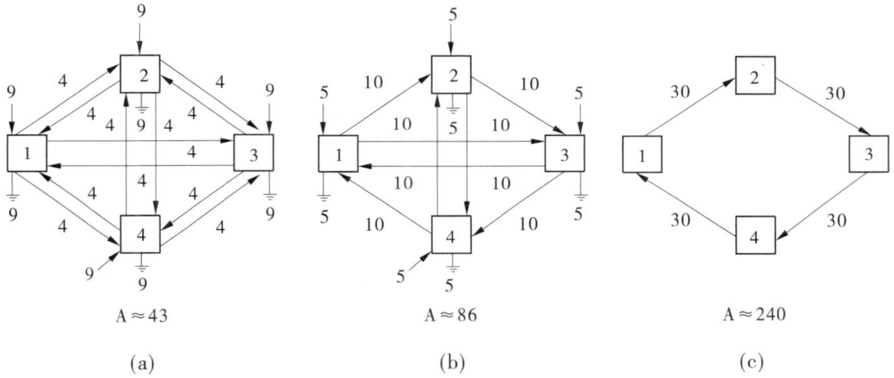

图 5.5 简单系统的连续演化序列

(a) 初始的配置;(b) 受到更多约束的情形;(c) 受对最大约束的情形

配置 a 与 b 之间存在差异,这表明了更多的介质如何在系统中沿更清晰的路径循环(而不是通过)。如果这种趋势允许达到它们理论上的最大值,结果会如同图 5.5c 所示。在这种假设的极限情况下,系统与外界没有交换,所有的流量变得相等,而且每个分室流入和流出的路径都只有一条。如果用矩阵来表示,这种情况与表 3.2 类似,而且从 b 向 c 的转变将会与从表 3.1 到表 3.2 的转变类似。最终的系统处于热力学平衡态——系统被完全孤立。没有流入也没有流出。而且,内部关系也变得僵硬而机械[8]。

尽管如此,但我们知道没有生物实体是处在热力学平衡态(除非是死亡个体)。所有的生命系统都必须从环境中进口高质量的能量(营养),向周边释放出低质量的能量(废弃物)。这些相同的需求使生命系统不可能达到最大化上升性的配置结构(图 5.5(c))。正如以前定义的,与最大值的差异称为系统的杂项开支。形成系统杂项开支的主要原因是系统中平行或冗余路径数。我们注意到,从图 5.5(a)到 5.5(c)(图 4.6 相似),系统的不确定性正在逐步减少。其他形成系统杂项开支的原因有处理介质时无效,时间上行为不连贯,空间分布的随机性等。也就是说,所有不增加系统组织性的因子,就会为系统的杂项开支做贡献。图 5.5 中的杂项开支分别为 462,384,0 流量比特。(当上升性增加时,杂项开支减少)。

所以,上升性告诉我们系统处理介质效率如何,即系统运行得如何或组织得如何。反过来,杂项开支包括了所有余下的无组织成分和行为。尽管如此,也应立刻注意到,这些不连贯的行为也反映了系统的自由度和灵活性,在系统面对新的干扰取代以前的功能时可以利用。所以,尽管杂项开支代表了正常运行下的低效率和不连贯,但它也是一种保证系统稳定的储备力量。

正如第 1 章指出的,系统的上升性和杂项开支之和称为发展能力。这里我们也讨论了发展能力与上升性或杂项开支的关系。一个相对平稳的发展能力意味着性能(上升性)和可靠程度(杂项开支)是互斥的——一个上升会导致另一个互补性的下降(如图 5.5 中的网络所示)。所以,发展能力、上升性、杂项开支的值可以让我们精确地量化系统在增长和发展轨道上的位置。

5.7 确定脆弱性

不仅上升性能够测量一个系统的运行状态,而且各个分室及流量对整体上升性的贡献也能测量,它们反映了每个元素在总体系统动态中的重要性。无意中发现,很容易计算系统的上升性对分室存量和单个流量变化的敏感性(Ulanowicz 和 Baird,1999; Ulanowicz,2004b)。当系统的上升性表现出对具体的存量或流量极为敏感时,那个具体的成分很可能就是系统动态的瓶颈或限制因子。

Ulanowicz 和 Baird(1999)利用上升性对存量和流量的敏感性分析,查明了 Chesapeake 中盐生态系统中控制营养动态的因子。他们发现不同的分室是由不同的营养物控制的。比如,众所周知在夏季初级生产者主要受氮的约束(D'Elia,1988)这个事实可以通过上升性的敏感分析确认。然而,令人惊奇的是敏感性分析得出细菌和鱼在相同的季节主要受磷的约束的结论。(这是有意义的,因为有机体需要磷来制造 ATP 和骨头)。敏感性分析还可以应用到异质系统(有生命和无生命),来鉴别时空上最重要的影响因子(Ulanowicz 和 Baird,1999;Kikawada,1998;Ulanowicz 和 Zickel, 2005)。

按这种方式,上升性的敏感性分析可以鉴别系统对干扰最脆弱的物种、发生的时间和位置。针对逐点干扰,即使发生在最敏感的点上,通常系统也很少崩溃或急剧地改变其动态。但是,当几个敏感点被复杂的干扰以锁机的方式匹配在一起时,情况就会大为不同,系统可能崩溃或进入突变的行为模式。也就是说,系统可能会继续以稳定的行为模式存在很长时间,但面对一些稀有的或独特事件的干扰可能就会发生大幅度改变。进化理论家 Gould 和 Eldredge(1977)将这种动态描述为间断平衡。这种转变是完全自然的,虽然在过程生态的动态中发生率极低。

不是所有的转变都会出现新事件,在自然界中有很多事件都是很普通的。比如,在海平面上升的情况下,从陆地森林到盐性沼泽到三角洲的转变就是以间断的模式出现的(Brinson,Christian 和 Blum,1995)。沿这个地理上的渐变,可以鉴别 5 个稳定的植物群落,每个群落对海平面的逐渐上升有一定的恢复力。群落间的转换通常是对一些突然干扰响应的结果,比如盐水入侵、潮汐的侵蚀、破坏性的水流或浪的影响,并不是海平面上升影响的结果。

最后值得一提的是,可能有读者注意到本章最后给出的图与生态模拟文献中遇到的差不多,这可能会带来误导。网络分析和模拟模型的确都是基于相同的数据库。都需要识别一些相关的分室,估计它们的密度以及分室间带权重流量的拓扑结构。为了预测分室的分布密度以及分室间的交换量,模拟模型接着就是建立一系列的数学方程,来描述各个分室的变化与其他分室以及外部影响因素之间的关系。相反,网络分析就变化是如何发生的,并没有一个推理性的假设。而是通过分析整个网络来评价其中每个组分对整个系统的组织、持久的贡献,并鉴别出对系统有主要影响的交换。模拟模型类似于研究系统的"心理学",网络分析是定量地阐述系统的"解剖学"。

6 生态的形而上学

让我们把生态学定义为研究宇宙的学科。

——G. Evelyn Hutchinson《全球视角》

6.1 生命原理

前面的章节是各种非传统主题的大杂烩。这时停下来评估一下过程生态学中新出现的形式,可能是有益的。过程生态学的核心观念就是下面的3个基本假设:

Ⅰ. 任何系统的运行都易受偶然事件的影响。

Ⅱ. 通过其他过程的干预,一个过程可能影响自身。

Ⅲ. 从系统历史的角度来看,各个系统是有差异的,有些就记录在它们的物质形态中。

早已明确表示,这些假设没有一个是偏激的、不自然的或矛盾的声明,对我们来讲它们都是普通常识。历史上什么东西确定了科学研究的方向?只有在与这个问题进行比较的时候,我们才会发现科学的假设是有问题的。仔细审查可以发现,这3个假设每一个都否定了一个牛顿假设。第一个假设直接否定了牛顿的决定论假设,对那些研究科学主要是为了控制自然的人(如培根的拥趸)来讲,他们是不可能认同这个假设的。第二个假设摒弃了必要的、受封闭性和原子论支持的还原论,一旦人们意识到这一点,它就会变得有争议。隐含其中的是放弃的原子论思想——所有的现象都可根据可识别的亚单元来解释。至少有些因果关系可以在观察层上产生。后来,我们发现反馈效应可以对较低水平产生影响,这违背了封闭性条件。第三个假设也许是最古老最流行的,在达尔文以前(Buffon,1778;Cuvier,1825)科学就和历史争论不休。但是,历史是不可逆的,在它面前宇宙中普遍的像原子论这样的可逆公理就不再有效。

6.2 推论

接受上述基本假设,我们强调的重点发生了一些转变。承认偶然性是现实,而不只是幻觉,那对生命系统是如何产生的,以及如何维持的这些问题,人们就会开始怀疑规律是否能全面解释。这并不是说可以违背各种规律,没有哪种演化理论能否定重力或库伦引力,在分析系统能流时,这些规律都是非常重要的(Jorgensen 和 Mejer,1979,Schneider 和 Kay;1994)。

规律保持了约束和支配力,只是我们刚好认识到规律可能被各种内在的偶然性和已有的秩序掩盖。组合淹灭了粒子:满足同样规律的结构多种多样,因此单依据规律无法确定占主导地位的结构。现在,这种能力要归属于过程的范围,更明确地说是要归于过程的结构。

过程可以将随机的输入转变成非随机的输出[①]。因此,可得以下建议:

1. 为了更好地理解生命系统,重点应从规律转移到过程的描述上。

规律研究处理的是以力的形式体现出来的效率因,牛顿的理论总是将力与物质和物体联系在一起。正如复杂的偶然性和极易引起争论的异质性侵蚀了规律具体的解释能力一样,在生物学中,它们同样减弱了各种力、机械和物体的功效。通过援引过程,我们能够使黯然失色的规律重焕光芒。按类似的方式,波普尔建议力的概念应该扩展成更具有普遍意义的倾向概念。而且,波普尔(1990)坚信按原子论的方式是不可能考虑倾向的。他认为,倾向不会独自发生,总与其他过程有联系,可以说好像倾向的结构一样。因此,可得到另外一个重要的建议:

2. 相比明确的物理作用力或与之相伴的物体,生命系统中的因果关系与倾向的结构具有更紧密的联系。

强调的转向引起我们对思考方式的重新定位。突然,在解释生物学上事物怎样变化和变化的原因时,不是对象本身,而是过程的结构或倾向成了我们的关注焦点。这种转变有悖习惯,通常我们是习惯于将对象作为所有变化的关键来研究。比如,基因指引着生物体的发展。无疑,生物体需要基因才能发展,今天也是如此。但是,相比酶过程的网络活动而言,这些物质成分扮演了一个相对消极的角色。实际上,是酶过程解释了信息编码和合成。

过程生态学带来的另一个重要的思想变化是:承认发展是二元的对抗趋势作用的结果。这里的二元论完全不是笛卡尔的二元论,而是受当代思想家蔑视,但被赫拉克利特和黑格尔强调的:

3. 在生命系统中,格局和形式是对抗趋势作用的结果。建立组织活动的过程不断受到耗散损失的侵蚀。在领近的范围内,这些趋势是相互对抗的关系,但在更宽广的范围内,将成为相互依赖的关系。

这里重要的显然不是过度地追求单个目标,因为这样做不可避免地导致系统崩溃。

如果读者对采用过程的理念有疑虑,那么他/她应该很乐意知道,通过新的视角解决了很多古老的难解之谜。例如,我们经常按传统这样解释,行动经常是由物质基因决定的,不是由过程的结构决定的。但物质的基因座如何引起这样的活动呢? 在生态的形而上学中,向心性是由自我影响衍生出来的,从向心性中必然衍生出斗争和竞争。过程生态学的核心思想既不是什么神秘的事物也不是什么反常的事物,而是斗争。这种新视野按照新的优先性原则对属性进行了重新排序。比如,相互依存在本体论上是优先于竞争的。最后从过程生态的动态中平缓地出现了新现象,新现象不再神秘,它已成为过程生态景观中完美的自然组分(Ulanowicz,2007)。

---

① 举例来说,过程可以放大那些促进自催化作用的输入,同时削弱那些减小自催化作用的输入。因此,自催化过程的输出方向是朝提高自催化作用的方向。与输入不一样,自催化过程的输出是非随机的。

6.3 偶然性成了角色

随着过程生态学这面织锦在我们面前慢慢展开,现在需要依次考虑它的每个组成成分。从偶然性开始,科学研究主要从微观领域找原因,所有的偶然性都被假定为简单的,而且是独立的。这种简单的观点使研究人员可以运用统计方法来解释偶然性的效应,从而好像在一定程度上恢复了全面控制的局面。我们都熟悉情景,它与气体的属性或人寿保险中的生存表一样是多种多样的,这里概率论确实为我们提供了很好的服务:运用统计方法,可以估计任何温度和压力下氖气的黏性;利用生存表,我们能够创造出一项成功的保险业务。尽管如此,但 Elsasser 提醒我们,在思想上要戒骄戒躁,对偶然性那些简单的假设要有怀疑的态度,需要认识到那些复杂的偶然性事件是采用统计学方法不能处理的。什么时候从现有物种中会出现新的物种? 新的继承者将具有怎样的特征? 生存表及相关等价工具是做不到的。

偶然性应被视为实际存在的(本体的)而不是虚幻的(认识的),第 3 章讨论了其中的两个原因,即(1)异质性和(2)组合。有人经常引用下面的例子来说明偶然性是虚幻的,参与成分是简单的而且是同样的——一种真正的卢克莱修的世界。同样成分的相互作用符合规律的观念,因为规律是建立在连续性假设的基础上,在逻辑上符合同类群之间的操作规则(Whitehead 和 Russell, 1913)。然而,一旦相互作用的成分成为异质性的,规律的逻辑基础就消失了。

而且,当参与的异质性要素自身复杂多变时,规律的作用就更值得怀疑。比如,在第 5 章"演化就像葡萄藤一样"一节已说明,过程的配置就不完全是自身原始成分作用的结果,因为上层的结构能对下层的要素施加影响。据此可以推出,复杂配置集合体(如生态学、社会学和经济学中常见的)完全是由小的成分按照规律(如社会学中常处理的一样)来驱动的,这点尤其值得怀疑。

接下来遇到的就是组合这个幽灵。Elsasser 援引拉普拉斯的概率公式证明,潜在的事件组合数要远超过已知宇宙中物质和时间能容纳的数字。比如,400 个不同要素大概就有 10^{870} 种组合,这意味着任何特定组合的拉普拉斯概率是 10^{-870}。但只有 10^{106} 的实体能有表现出来的可能,这说明天文学上潜在的大多数结构是不能发生的。大多数分类肯定是空的,能通过简单的象征表现出来的结构是比较稀少的。具有两个或更多结构的分类出现的概率已经接近零。面对这种稀疏分布,频率论者界定的概率方法无能为力,连续统一体的概念(规律存在的必要条件)也没有意义。

现在需要回想一下因果封闭的原则,它是在宇宙膨胀特性被发现之前,在卡诺观察到不可逆现象之前形成的哲学教条[1]。尽管后来有很多新发现,但一直遵守着封闭性原则,David Bohm(1989)坚持隐序,而反对量子概率的"哥本哈根解释"(具体化)(Heisenberg, 1927;Bohr,1928),就是证据之一。而且,有些人喜欢拿混沌理论为决定论辩护:确实产生混沌现象的方程式是确定性的,但产生的现象却是混沌的(Ulanowicz,1997)。

也许,隐含决定论的支持者会认为,混沌只是所有偶然现象的象征。偶然性表现出来是不确定的,但它是从准确的规律中衍生出来的。值得注意的是,凭借混沌理论重新主张决定论的这些评论也是与时俱进的。然而回溯起来，尽管混沌理论也暗示，超过一定的期限就不能追溯到事情前面的起因，也就是说，如果一种现象是过去的某些小事件激发的，那么我们可能不能精确地识别出这个原因(Ulanowicz,1997)。在时间轴的任何一个方向上，凭借混沌理论来解释预言性或后溯性决定论，提供不了任何可靠的证据来支持决定论。

接下来是热力学第二定理，它给 19 世纪的物理学界带来了很多麻烦。很少有人指出，第二定理要求的不可逆性预示了一定程度的因果开放性。早前提到过的 Cons*tan*tin Caratheodory(1909)的规律比这个结论更清晰。也就是说，任意接近平衡状态都会提供不能通过可逆路径达到的一种状态。Caratheodory 是在暗示，在微观世界里相空间是间断的，这种分布的不连续对封闭是不利的。

对我而言，根据逻辑封闭性的类比来反对因果封闭性是最好的例子。大多数读者也许意识到，研究数论的 Kurt Godel(1931)证明，任何有效的、自我一致的、递归的公理体系也不能包含所有正确的命题。换言之，某些原理总是处在正式体系的视野之外。类推可知，用物理定律解释的系统包含不了所有真实的事件。某些事件肯定处在规律之外，我们称其为偶然性。当然，类推并不是证明，但是我认为，Godel 的逻辑论与我们思考自然的方式是一致的，所以找到一个能避开 Godel 数论中的声明的物理规律是非常困难的。

实际存在的偶然性并不只是发生在微观尺度上，其实可以出现在各种尺度上。在第 3 章中，我们讨论了宏观尺度上任何事物没有什么具体的外形，那里充满了复杂性。事实上，复杂的偶然性更有可能存在于复杂的宏观生物现象之中，那是个性占统治地位的地方。波普尔(1990)认为，宏观上的偶然性导致了干涉，这些干涉使力转向了更高层次上的倾向——苹果的坠落受到了重力以外更多因素的影响。

偶然性无处不在，难以控制。但这并不意味着系统一遭遇新的事件就会崩溃。回想一下在各种水平上都存在的反馈控制，它的存在可以改善大多数随机事件引起的效果，从而将它们的影响限制在一定范围内。通过这种方式，大多数系统对遇到的许多复杂偶然事件都具有免疫能力。否则，生命将是不可能的事情。当然，也有一小部分偶然的影响非常有力，能以特定的方式对系统造成影响。但是，系统作为一个整体，依靠自己的反馈控制能力可以容忍这样的影响。这里，人们可能马上就会想到从有疾病或受伤的地方发现的高级有机体。这种影响可能促使系统产生持续的变化。为了能预期到相似干扰情况下未来可能发生的事情，某些永久的行为甚至会成为必需的。更高级有机体的免疫力和树的落叶行为就是行为的"预期"模式中普通的例子(Rosen,1985b)。

有一小部分干扰可以使系统产生新的行为模式，在超系统水平上扩大了一种或多种自我增强的循环行为。这些变化可能是有回报的，结果永久改变了系统行为。物种形成是传统演化理论不能解释的一种现象，它发生少，但有新变化。

同样，这种新出现的事物也超出了已有的随机动态变化分析的范围(Prigogine,1978)，因为在任意时刻能够引出新事物的干扰结构，它都依赖于系统自身的结构和诱发干扰的结构。在普里高津的变化波动论中，假设所有的偶然事件一般都是相同的。但是，在复杂的世界中，一个系统可能对有些扰动做出反应，但对大部分都是无动于衷的，正如一个人对特定病菌很脆弱，但对其他大部分病毒却有免疫力。在复杂系统中，系统经常也很少对大多数诱发的干扰产生反应,更多的是产生锁钥相合的反应,正如经常观察到的抗体与病菌的相互作用一样。这种罕见的和谐可使各种系统在长期的时间范围内相对保持不变,仅在受到合适的干扰发生时才改变它的外表和行为,比如第5章末尾提到的间断平衡。

差不多所有的偶然性产生的影响都比较有限,既然如此,难免会让人觉得,所有的规律、过程和规则都能在有限的范围内发挥有效的作用。这里的有效指的是,在选择的焦点水平上原理解释相关行为的能力。当然,这并不是指在其他尺度上就要违反物理规律。例如,当研究宏观行为时,强核力规律依然适用。(但是,不应该排除某些原理并不具有普适性。例如,热力学第二定理是否适用于微观尺度,或当一个量子从一个真空进入下一个真空时第一定理是否适用,这些问题都是有争议的。)[2] 工程师已开发了一套解释多重尺度的维度分析方法,其中的一个经验规则就是,两个过程具有联合参数,但参数值在不同的尺度上相差很大,这样的两个过程是很少发生相互作用的(Long,1963)。因此,与物理学家不同,工程师将不会花太多的时间去搜寻量子现象和重力之间的相互作用。这个问题物理学家很长时间都理解不了(Ulanowicz,1999a;Hawking,1988)。

生态学教会了人谦逊,我喜欢重申这一点。一个系统生态学家构造了一个模型来描述某种行为,如果该模型碰巧有个奇异点(该点处数学上会是病态的),这个生态学家肯定知道,当自变量接近奇异点时模型会失效。在有限的时空范围内,任何合适的生态学原则都将是有效的。对生态学家而言,宇宙中满是"泡泡"压缩而成,每一个泡泡都限定了原理和过程适用的范围;也就是说,宇宙具有颗粒的属性(Allen 和 Starr,1982)。

维度分析让工程师意识到了自然世界的颗粒特性,但物理学家似乎并不这样认为。在第2章"突如其来的一致"中,我们曾经评论,带普遍性的信仰是如何让物理学家们认为他们的模型能继续任意地逼近奇异点的。最终,粒度的概念开始吸引众多物理学家的注意。同时,偶然性和必然性都具有有限的影响范围,这点支持从大量的基础科学假设中排除普遍性成分。

6.4 系统中的因果关系

第二个假设明显与牛顿的封闭性约束相矛盾。在给定尺度上找原因,不再需要将搜寻的范围限制在低层次的现象上。最需要阐明的原因也许就在焦点层,甚至在更高的层次中(Salthe,1993;Wimsatt,1995)。在第4章中,我们认为,反馈能增强演化系统中要素之间的相互依赖性,也许到了参与要素在孤立的情况下都无法发挥作用的程度,实际中的有机体就是这种情况。一般而言,生命系统不能随意地分解和重构。很明显原子论不可能在整个生命期内都盛行,因此我们应从基本信仰的核心中去掉原子论这种思想。

上面最后的建议从逻辑上是支持下述观念的,用原子论来解释生命的动态变化有点强求一致。有些努力消耗了我们太多的精力,如将表现型的具体特征归于简单的等位基因。(比如替换 DNA 序列中的简单核苷就能引起有机体表现出不同的宏观特征,如头发颜色)。在更高的层次上,我们也遭遇了相似的情况。比如,Dawkins(1976)尝试推广适用于大尺度系统的基因概念,他称之为"谜米"。谜米是文化传播的基本单位,或是模仿基因或病毒一样自我繁殖的单位。谜米的例子有曲调、想法、宣传标语、流行服饰、制罐方法或修建拱形物的方法(Dawkins,1976)。Dawkins 将这些视为原子社会的建造材料。但是,现在我们知道,这些观念很难脱离它的环境来理解。它们都是在自我增强的文化反馈框架中产生的。它们与其他概念紧密相关,并互相适应,以至于将它们视为独立自主的概念似乎过于牵强。将文化看作完全是由独立自主的迷米组成的,这种想法应该算得上是黔驴技穷。

系统作为一个整体,在功能上作为一个单位,系统的反馈通常可以确定一种优先演化的方向或目的。这种方向效应只具有局部意义,每个方向都只能根据系统的详情来确定。但是,只要确立了方向,系统对所有偶然性的干扰响应就不再盲目。系统自我内部的区域对随机激励带来的相反梯度,要么是抵制要么是受到抑制。这从社会史或经济史中就可窥见一斑:1914 年,战争的势头如此强烈,席卷了无数的社会和政体,以至于战争的爆发势不可挡(Solzhenitsyn,1989)。美国引入奥托发动机(内燃机)后,奥托公司迅速发展了自己的附属行业支撑体系,几年以后美国已不可能再引进其他蒸汽推动的汽车。那些强化系统自我趋势的偶然事件更容易使系统的行为产生永久变化。系统和干扰之间的相互关系暗示,偶然事件可能有自己的方向。因此,认为所有的偶然事件都是“盲目的”是不准确的。几乎所有复杂的偶然事件的例子都显示出了自己局部的方向。一旦偶然性与拥有自身目的的系统相互作用,这种趋势就会变得更加明显。比如,在 20 世纪早期,除磁发电机和电力启动机械制造业的增长外,很多同时期建设的石油裂解设施,就促进并强化了美国内燃机的支配地位。

某些人可能会反对从原子论的分解中抽象提取的方向性和反馈,尤其是自催化这样的类型,认为这样的说法太神秘或超出了人类的经验范围。比如,自催化的向心行为对牛顿体系来讲好似天外飞仙,因为在线性范围内,没有外力的作用就不可能发生任何事情。然而,在缺乏明显投入时,有时非线性系统也能有产出,力学上对此已早有认识(Guttalu 和 Flashner,1989)。而且,好像这些并非神秘的要素还不是牛顿(重力及其向心行为从何而来?)系统的组成部分,也不是达尔文(努力和竞争起源于何处?)系统的组成部分。这里要说的是,传统的解释仍然没有聚焦到这些没有解释的特征上。因此,我建议将视点集中到由不可分成分组成的反馈上,这么做最起码可以排除神秘因素的作用,显示出健全理性的思索能力。

6.5 历史的持续

第三个基本假设毫无神秘可言,很久以前人们就已广泛接受。根据达尔文理论,历史在演化史诗中扮演了一个关键角色,但它明显与可逆性的指导原则相冲突(尽管达尔文喜欢牛顿理论)。甚至抹掉的历史也能产生重要的后果,通常为生存系统提供了新的自由度,让它可以通过不同的途径来达到限定的目标[3]。比如,从 Polya 壶中摸了 746 次后,红球对蓝球的比率已收敛于 0.832 ± 3% 之内。如果因为某些荒谬的原因,这些球中有 731 个突然消失啦,剩余组合将有很大的可能收敛于另一比率。

Noether(1983)已经证明,可逆性和守恒是同一事物的两个方面。据此可以推出,如果从基本原理中剔除可逆性,科学家们将开始更关注不守恒的变量和概念。玻尔兹曼通过定义统计熵开始了这种转变,某个概念与不可逆性联系如此紧密,以至于它经常是在不均衡状态下,而不是在均衡状态下使用。上升性和杂项开支指标的构建延续了玻尔兹曼的方向,两个指标都是基于其原始公式(Shannon(1948)进行了修订),这个公式总是出现在不守恒的背景中。

对我来说,仍有一个问题没有解决,就是第三个基本假设是否真正独立于前面两个假设。为了记录发展历史,系统必须要有足够的复杂性。为了满足这样的要求,Atlan(1974)证实,系统的复杂性必须超过某一临界值,它才能展示出自组织行为(正如第二个基本原理所阐述的)。现在,如果 Atlan 复杂性的临界值碰巧大于储存系统历史所需的最小值,那么实际上自组织系统将与它的历史相生相伴,这时第三个基本原理将是多余的。另一方面,历史需要稳定、持久的成分。我们已知道,只有在罕见的简单情况下,这样的稳定性才能够成为自动收敛的终点(图 5.5(c))。这说明这种终点不够复杂,不足以保有它们的历史,这时第三个基本原理是需要的。这种选择似乎不明显,这个问题要留给那些比我更熟悉逻辑的人去解决。

尽管我详细阐述了牛顿理论和生态学基本原理之间的差异,但并没有太关注过程生态学和达尔文理论之间的不一致。在某些方面,这里提供的基本假设就同 Depew 和 Weber《进化的达尔文主义》的书名一样。生态学基本原理与传统的进化理论有 3 点不同。第一,过程生态学中的选择显然是一种内部现象(Matsuno,1996)。因为选择(自催化)的主要作用力量完全发生在系统内部。相反,达尔文理论将选择作用力放在正经历选择的有机体外部。第二,在过程生态学中,系统习惯于表现出一种适合自身行为的方向。这一点可通过自然界中观察到的方向性来验证。比如,Schneider 和 Sagan(2005)、Schneider 和 Kay(1994)、Salthe(1993)和 Chaisson(2001)都将热力学方向归于宇宙。相反,大多数新达尔文主义者仍坚持排斥他们研究中的任何方向性(Gould,2002)。第三,过程生态学认为相互依存是基础,竞争是其衍生物,这与传统达尔文理论中竞争的基础地位完全相反。

最后,回想第 2 章中对 Polya 过程 3 个属性的评论。我们提到,在最简单的人工过程中,偶然性、自我参照和历史扮演了重要角色。也就是说,我们提出的这 3 个基本假设与过程理论是一致的。波普尔(1990)似乎对这种一致性有一种直觉,他提出,为了更全面地理解因果关系,我们必须开拓思维,在更普遍的条件中考虑问题:正像"力"的概念仅仅是有倾向事物的一种衰退(极简易的)形式,也许可将规律看作以前过程衰退后的一种剩余物(图 2.3)。尽管达尔文做出了巨大的努力,过程理念仍未融入到牛顿的框架体系中。但是,它非常适合生态学理论。

6.6 新观点,新关注

现在已经详尽说明了过程生态学,是时候评定它潜在的弱点啦。与残存的牛顿世界观相比,过程生态学有什么地方是脆弱的呢?波普尔(1959)向科学家提出了一个实际上不可能完成的任务——有精力尝试去证伪所有的假说,包括自己的。回想一个多世纪以来给统计力学下的最后定论,是它拯救了牛顿世界观(见第 2 章"综合或精炼?")。我们对此期望过高,以致忽略了波普尔的建议。然而,针对此任务,我们还都没有准备好。认识到这一点,显然没有什么能阻止我们敷衍地做点自我批评。

也许对生态形而上学,最强大的反对理由是它假设了太多需要说明的事物。尤其是,第二个基本假设似乎描述了生命系统太多的本质—没有原子论的离心式假设,平台上堆满了初始的生活需要品。确实,难以想象从生命系统中抽象出来的反馈(只要包括人工环境的设计者)。但是,非生命的自然实体,比如旋风(Salthe,1993)、雷暴雨(Odum,1971)和飓风,一般都是正反馈无生命的表现形式。事实上,向心力从飓风的名字中就可以发现很明显,本身指的就是足够大的暴风。因此,至少在陆地范围内,人们开始偏爱原始生态系统,并希望从中探询出生命的起源。

但是,在整个宇宙中,生命的先决条件有多广阔呢?普遍认为,我们的行星仅仅是拥有生命必需资源的众多行星之一,我们花费了大量资源来寻找外星球的智能生物(Morrison、Billingham 和 Wolfe,1977)。当然搜寻应该继续。但是,前面关于 Elsasser 计算的简短介绍提了个挑刺的问题,外星球存在生命的可能性有多大?不幸的是,我们并不知道在生命诞生前真正需要多少要素,不一定要像地球上的生命,而是作为更普遍的动力表现的生命形式。如果这些要素的数量较少,不足 24 个。那么生命存在的可能性确实很大。但是,如果该数量变大,尤其是超过 50,那么生命形式可能是唯一的,这样的可能性越来越大。这可能意味着地球是浩瀚宇宙中的一座生命孤岛,对此我们应该学会勇敢的面对。

6.6.1 让偶然性破匣而出

事实上,Elsasser 认为唯一性在宇宙中非常普遍,远甚于迄今我们所认识到的。就唯一偶然性事件的存在性来说,也许最合理的问题是,它很容易导致新特征的出现。也就是说,如果奇异事件遍布自然界,那么涌现可能就是其中发生的最自然的事情。(我们至少需用一章的篇幅来解释事物为什么没有分解成唯一的事物。)我想起了一位好朋友送的一件 T 恤,这位好朋友很了解我(初期)的想法。T 恤上印制着《纽约》杂志上的一幅漫画。画的是两位科学家站在写满方程式的黑板前,第一个科学家正在解释这些复杂的数学方程式,在方程式中间插有一个盒子,上面写着"然后奇迹发生了!"。第二个科学家指着那个盒子说,"我想你需要解释清楚第 3 步!"

并不是我在吹嘘奇迹,我只是意识到大多数同事否认偶然性的本体特性。也就是说,他们怀疑偶然性事件是不是真的存在(打破因果关系的连续性),只是将其归为一种认识现象,反映我们对细节的无知。他们相信,只要有足够而且精确的资料,就可援引规律来证明偶然性不存在。偶然性到底是认识论的还是本体论的,我曾在公开出版物中讨论过(Patten,1999;Ulanowicz,1999b)。我得到的结论是,就我所知的检验手段是解决不了这个问题的。一个人怎样解决问题要取决于他的信仰。当然,当有人对科学家指出,他们对科学的信任主要取决于他们的信仰,而不是不言而喻的事实时,科学家肯定会感到很不舒服。科学家对信仰问题常常避而不谈,这也是为什么科学家很少评价那些关于自然的基本假设的原因。然而,到了后现代时期,现在这个浪潮已经进行了一段时间,许多后现代主义者蜂拥而至,来强调信仰在科学研究中的作用。他们的批评简单明了,科学家对此根本不能草率地处理(比如,Wilson(1998)在《一致性》中所做的)。

至今应该很清楚,我认为偶然性对论述进化是绝对必要的,尤其是在它的基本表现中。我的信仰如此坚定,以至于我冒险奉劝这些人,他们利用 Arthur Eddington(1930)的严厉措词来解释波普尔的开放性。Arthur Eddington 批评那些不愿意接受热力学第二定律的人时采用的措词如下[4]:

如果有人指出,你喜欢的进化论与费希尔的方程式是不一致的,那么你感到糟糕的会是费希尔的方程式。如果你的理论与事实矛盾,你可能会觉得是实验主义者弄糟了事情。但是,如果你的理论不能弥补生命系统中因果结构的缺陷,我也不能给予你什么希望;这里除严重缺乏对生命系统进化的全面理解外,几乎一无所有。

回到自反性的问题,过程生态学的基本假设包括了自己想说明的内容吗?是的,某种程度上确实如此,这反映在第二个基本假设中。但是,我得赶紧补充的是,牛顿理论也有同样的问题。那些帮助促成牛顿理论一致的人,他们不想让自己的事情与超先验的事情扯上哪怕一丁点关系,所以他们远离了生命中的自然现象,以至于后来不可能将自然现象反映到他们建立的概念体系中。由这种一致产生的形而上学假设了一个完全沉寂的世界,Hans Jonas(1966)将其称为"本体论上的死亡"。在人类的经验范围内,过程生态学避免了这种偏见。

6.6.2 一个相比更简单的世界

过程生态学的另一个缺点是,它的动态比传统的进化论复杂。确实难以构建一种比新达尔文主义更简单的动态,这也许就是新达尔文主义流行的原因,也说明了它的"殖民"特性(Salthe,1989),如用它解释"谜米"这样的情况。新达尔文主义的支持者愿望过于强烈,以至于不能挥舞"奥卡姆剃刀"去反对所有的批评。在条件相同的情况下,对事情最简单的解释就是最好的。但是,正如爱因斯坦著名的讽刺:"解释应尽可能的简单,但不要太简单。"因此,我认为新达尔文主义也许犯了过于简化的错误。

尽管这样的可能性很能吸引人,但更引人注目的问题是,"新达尔文主义的情景真有他们吹捧的那样简单吗?"比如,物理学家提醒我们,需要全面地考虑一个问题,包括特定的边界约束条件和一般的运行条件(Ulanowicz,2004c)。由于一直忠实于牛顿理论,达尔文尽力将外部的自然选择置于选择的动态之外,这暗示自然选择就像边界条件一样在发挥作用。通过将自然选择的原因推向外围,达尔文并非有意地使人们的注意力偏离了这一事实,即一般的自然选择仍然是复杂的。他更关注易掌控的和动态简单的选择。相反,生态情景将选择内部动态中能起作用的形式因。为了应用,传统理论主要将有机体作为选择的对象。这些对象经常受其他有机体的影响,而且每一种有机体都有自己复杂、独立的运行程序。在过程生态学的背景下,某些类型或多或少以自催化的方式联系在了一起,在某种程度上,某个类型的变化与整个群体中其他成员的行为是一致的。因此,群体在下一层次上的选择是由大量的"信息流量模式"协作完成的(Wicken 和 Ulanowicz,1988;Krause 等,2003)。

与达尔文主义的自然选择相比,尽管这种积极的内部选择要稍微复杂一些,而且这样的复杂性无法通过简化边界值来弥补。换种说法,新达尔文义外围无法解释的混乱在过程生态学中开始看来是有意义的。因此,过程生态学有关发展和进化的论述实际上比新达尔主义的要简单。

我们已经内生了许多传统的边界条件,就如同我们将约束视为生命系统的组成部分一样,许多系统的边界条件已被我们内化。事实上,可以说是自催化反馈将环境纳入到了系统中,就如更高等的脊椎动物它们将环境想象成了自己曾暴露的环境一样[5]。

最后,应注意过程生态学依靠的3个基本假设,比牛顿理论的组成基础少2个。通过放宽或减少特定的约束条件,有些假设有时就可获得更大的普遍性。例如,如果放宽欧几里德平行线不能相交的假设,几何学就可以描述复杂空间如球面中的情况。

6.6.3 修订物质的作用

过程生态学明显地减弱了物质的积极作用,这是对它的第3种批评,也是最有力的批评。在第2章中,牛顿的封闭性不仅废除了形式因和终极因的作用,而且它还要求所有的效率因都由物质产生。这明显地违背了亚里士多德的因果拓扑关系。亚里士多德认为物质是必须的,但起的作用比较消极,都是遵照效率因行事(比如,工人组装砖和木料,士兵挥舞刀剑等)。绝大多数科学家都为这种启蒙运动的联合体而着迷,这受到了 Richard Lewontin(1997,31)的讥讽:

尽管科学体系中存在明显的谬论,尽管科学对健康和生活无法兑现自己过分的承诺,尽管要容忍科学界讲许多未经证实的故事,但我们还是要支持科学。因为我们对唯物主义有优先的义务。并不是科学方法和制度体系迫使我们去接受自然现象的物质解释,相反,我们首先就要遵循物质因,并创造很多仪器和概念来从物质上进行解释,而不管它是如何反本能的,对无经验的人又如何神秘……

确切地讲,就是对物质作用的力量如此的信仰,才使许多人将很多特别的力量归于物质目标。比如,当 Dawkins(1976)宣称基因天生就是“自私的”时,没有人嘲笑。具体的基因是如何“指导”这样那样的特性发展的,媒体进行了大量报道,但报道中缺乏有关蛋白质和酶过程等网络结构的解释,其实是这些过程读取、选择和编辑基因组后,才会有后面的发展活动。这样盲目轻信受到了积习的驱使,积习要求任何合理的作用力量都要与物质目标有紧密的联系。

由于担心读者在此打退堂鼓,应赶紧补充的是,过程生态学也承认物质的必要性。正如我的朋友、忠实的唯物论者 Stanley Salthe 所言,“(唯物主义)经常要隐蔽地依赖物质固有的、基本的属性,来支持那些并不清晰指向物质实体的模型,但是没有那些物体实体隐含的存在,这些模型肯定就会失败。”也就是说,仍需要物质,但物质的指导行动与相关作用力量所处的层面无关,它经常要在更高的层面上发挥效用。因此,尽管过程生态学能够容纳“软”唯物主义,但不符合盛行的“硬”唯物主义的要求,因为它要求在作用力量与物质目标之间强行建立直接联系。

对过程生态学的第4个保留的批评意见也与唯物主义紧密相关,Lewontin 在其引用的句子最后提到了这一点:“此外,唯物主义是绝对的,因为我们不可能允许门里有牧师的脚。”

当然,有人可能会问,我们已经努力避免与超自然的力量建立联系,这样的评论与过程生态学会有什么关系呢。而且,与我讨论替代新达尔文主义的人大多都公开声明是不可知论者,是忠实的唯物论者。

因此,确切地说,什么地方与“牧师的脚”有联系呢? 简而言之,这里不存在直接联系,但是波普尔让我们注意到,我们生活在一个复杂的世界里,到处充满了间接的联系。当物理学家 Leonard Susskind(2005)给某个同事写信谈到自己的“景观”理论时,他为理解间接联系提供了一个很好的线索:“从政治、文化的角度来看,这些评论并没有宗教含义,但它们剥夺了我们积聚的反对宗教历史力量。”

在第 2 章“历史的预处理”部分,长期以来牛顿理论都是反宗教人士的利器,对此不用感到惊讶,因为牛顿的理论已用作反对无节制教权主义信仰的武器。对今天许多怀疑论者来说,坚定的唯物主义是他们的信仰中心,对此点轻微的偏离都会被当成是对世俗世界观的一种威胁。这里应公平地补充一点,在理性选择面前,没有人会想放弃自己的核心信仰,在明确的世俗现象面前,我也没有放弃我的信仰。

然而,我禁不住质疑,是否夸大的唯物主义对科学研究真有那么多优势? 尽管这样的理论体系是从明确的需要中衍生出来的,而且拉开了科学活动与超先验事实之间的距离,但是质疑一下是否二者之间的距离被拉得过远,也无可非议。这种分离变成了名符其实的分歧,这一鸿沟远远超出了自然主义方法论的要求。可以说鸿沟是如此宽阔,以至于吞没了生活中很多完美的自然现象。结果,现在我们整天都在为怎样让牛顿或达尔文理论接近生活实际而奋斗。现在看来,这是一个徒劳无功的任务。许多人对硬唯物主义依恋得如此之深,当发现基因形式与表现型特征之间的联系时,我们匆忙就去将其当成取得的卓越成绩进行表彰,即使我们对其中发生的情况还知之甚少。我希望我们能够也将会做得更好,但是,我认为我们应该抛开对牛顿理论的迷信,尝试去接纳普里高津等(Prigogine 和 Stengers,1984)称作的“充满不确定性的世界”,这是自然理解生命的必要前提。

6.6.4 尽头还是入口?

想要更深地理解生活,这样的偶然性并不是唯一让牛顿思想体系黯然失色的地方。牛顿机械的世界观导致社会分化成 Snow 所称的“两种文化”,在 Snow 提出这一论调之前,歌德便已对这种分叉表示了深深的哀悼。牛顿假设必然合理的结果是,所有更高级的人类努力和敏感性都应归为次级“副现象”(我在上大一哲学课时对此感到非常迷惑)。在生态学假设下,高层的功能和系统可以作为有调和功能的作用力量,但牛顿理论的封闭性约束否定了这一点(Ellis,2005)。

在最后一章,我将详细说明过程生态学与超先验事物之间的关系。现在,已有足够理由评价的是,尽管后现代主义的革命还没有剥夺科学所有专门的特性,但它开拓了我们的视野,让我们注意到了信仰在科学研究中所起的作用。现在,有各种信仰(很多隐藏的)的科学家必须准备好为自己辩护,准备应对科学社团之外的人们提出的各种能引起更广泛讨论的假设。

6.6.5 一种新的微积分?

尽管前面提到的过程生态学全都与哲学有关,但仍有一个具有实际意义的问题需要阐明。我们提到,牛顿时期的道路是如何由牛顿和莱布尼兹铺平的,他们两人独立地提出了一种有效的将动态系统作为连续统一体处理的方法——微积分。在牛顿的名著《基本原理》出版之前,霍布斯和笛卡尔提倡的物质和机械方式并没有取得太大的进展,只能算是踌躇不前。微积分作为描述自然现象的工具如此有效,以至于有很多人惊讶于现实和数学之间的和谐一致(R. Penrose,2005)。确实,微积分有神奇的效用,但是一旦出现不连续,它的效果就会大打折扣。为了阐述清楚这些不连续,最近有人开始转向研究离散微积分,现在由于计算机的出现还付诸了实践(Wolfram,2002)。尽管如此,这种方法其实是在走回头路,究其实质只是回到了微积分开始的时候,也就是极限研究成熟前,然后采用同样的牛顿假设来处理问题。

波普尔(1990)建议了一种稍微不同的方法,他认为自然是开放的,并敏锐地意识到这样的世界需要新的定量方法来描述。他建议的是发展"条件概率的微积分"。最近网络理论的研究方兴未艾(Barabasi,2002),这赋予了波普尔建议新的意义。我早前提到过,在生态学理论中,物质流和能量流的网络研究有漫长且深远的历史。自林德曼 1942 年开创性的工作以来,生态学家已习惯于画"谁吃谁?"和"吃多少?"的图表。按照网络理论,这种量化的开支图被称作"加权有向图"。这个名称本身就说明存在巢式等级系统:由线条连接的普通网被称作简单图(图 6.1a)。当线条有方向(用箭头表示)时,这个图就变成了有向图(图 6.1b)。最后,当给每个箭头都分配一个权重时,与生态系统预算一样,这个图就成了加权有向图(图 6.1c)。

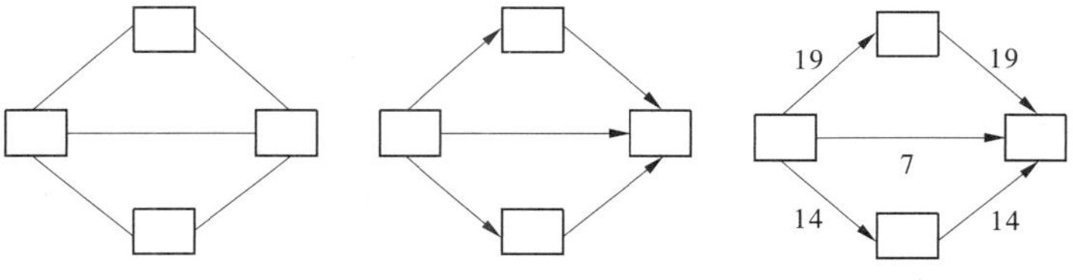

图 6.1 网络等级图

(a)简单图;(b)有向图;(c)加权有向图

生态学外的其他学科大多研究的是简单图(Barabasi,2002)。在生态学和社会学内部,图一直是"食物网理论"研究的主题(Cohen,Briand 和 Newman,1990;Cohen 等,1993;Borgatti 和 Foster,2003)。研究食物网的理论家已开发出了许多指标来表征图的拓扑结构,反映生态群落中的捕食关系。比如,有时知道捕食网的连通情况是非常有用的。在有 n 个组分的完全连接网中,有 $n \times (n-1)$ 种连接关系。在大多数生态系统中,可行连接大概只存在 15% 左右。因此,一个人可以据此研究生态系统的稳定性与连通性之间存在怎样的关系。

经济学家里昂惕夫(1951)是首先注意加权有向图的人之一,他使用线性代数的方法来研究现金流量网络。里昂惕夫认为,足够维度的矩阵能够清楚地表示任何加权有向图。矩阵第 i 行和第 j 列的元素可以表示从组分 i 到 j 之间连接的大小。图 6.1(c)这种加权有向图可以用下面相应的矩阵表示。

$$\begin{bmatrix} 0 & 19 & 14 & 7 \\ & & \cdots & \\ 0 & 0 & 0 & 19 \\ & & \cdots & \\ 0 & 0 & 0 & 14 \\ & & \cdots & \\ 0 & 0 & 0 & 0 \end{bmatrix}$$

加权有向图和矩阵之间存在一一对应的关系,这使我们可以运用矩阵代数来说明相应的网络特性(Ulanowicz,1986,2004b;Fath 和 Patten,1999)。在矩阵应用中最有价值的是估算矩阵的幂次,这可以评估经过不同长度的网络路径传递的物质量。基于此,人们可以进行“投入/产出”调查(Hannon,1973)。也就是说,可以估计特定节点的输入对其他节点直接和间接影响的大小。反过来,也可以估算在每个组分的最终产出中系统各个组分贡献的大小(Szyrmer 和 Ulanowicz,1987)。这样,人们可以追踪汽车制造业对采铜业的影响。不幸的是,许多经济学家的分析都没有超越投入产出分析。Goerner(1999)和 Matutinovic(2002)除外,他们研究了自催化在构建经济结构中可能起的作用。

最初是 Hannon 运用矩阵代数研究了生态系统网络。随后,很多研究人员对方法进行了更新和拓宽(Finn,1976;Levine,1980;Bosserman,1981;Szyrmer 和 Ulanowicz,1987;Ulanowicz 和 Puccia,1990),其中 Bernard Patten 及其同事的最有名(Fath 和 Patten,1999;Gattie,Tollner 和 Foutz,2005)。同时,还开发了评估营养级的水平和归并复杂网络的新方法(Levine,1980;Ulanowicz,1995c;Krause 等,2003;Allesina,Bodini 和 Bondavalli,2005),开发了识别和量化网络中闭合循环的算法(Ulanowicz,1983)。各种各样的应用都可以自动打包后在计算机平台上应用(Ulanowicz 和 Kay,1991,Christensen 和 Pauly,1992,Allesina 和 Bondavalli,2004;Mason,2006)。

因为信息丰富,加权有向图比食物网用途更大。举例来说,Bersier(2002)证明,食物网分析中的每一个指标都可以改编后应用在加权有向图中。新指标收敛更快,而且更能表征预期的属性特性。为了建立网络和波普尔条件概率的微积分之间的联系,Alex Zorach 和 Ulanowicz(2003)已证明,加权有向图和条件概率分布之间是完全的一一对应关系。实际上,Zorach 等证明的是,对条件概率的任何操作都可以在加权有向图中找到对等的操作。因此,通过发展生态系统网络分析,从本质上可以获得波普尔想要的东西。

矩阵不是唯一分析网络有用的工具。在林德曼取得开创性成绩不久,Robert MacArthur(1955)就转向新兴的信息理论研究,去寻求测量食物网整体状态的方法。他运用 Shannon 指数估算了具体生态系统中的流量多样性,并暗示多样性可能与生态系统的内在稳定性有关。不幸的是,MacArthur 强调的各种流量不久就被传统关注的物体和存量取代,随后的十年,人们围绕物种多样性与生态系统的动态稳定性之间的关系争论不休。争论持续了一段时间，但在 Robert May（1972）的证明面前轰然倒塌。May 证明结果与人们追求的恰好相反。

May 通过线性动态分析证明了，系统中相互作用的成分越多，越有可能导致系统的不稳定。在物理学家面前的这种耻辱，生态学家很难忘怀，当然此事还有一个作用就是激起了他们的"物理学妒忌感"。此后，生态学家几乎回避了所有重新引入信息理论的工作。

正如我们看到的，大多数生态学家自戴眼罩使他们忽视了信息论取得的重大进展。Rutledge、Basorre 和 Mulholland（1976）运用信息论重新定量分析了营养流量网络的整体状态。我在前言中提到，正是 Rutledge 的论文促使我开始了上升性的研究。上升性的研究揭示出没有一个具体的牛顿理论框架来分析生态系统的动态变化。在接下来的 20 年时间里，围绕上升性开发了很多界定整个系统状态的信息指标（Ulanowicz，1980；Ulanowicz 和 Norden，1990；Ulanowicz，2004b），这些指标甚至拓展到了多重维度（Pahl – Wostl，1995；Ulanowicz，2004b）。

诚然，与牛顿的微积分在进化中做出的贡献相比，数学对流量网络略显苍白无力。但是，最近前沿杂志上网络分析的焦点已经转到了加权有向图上。我希望，有数学天赋的人能找到可与微积分相抗衡的分析流量网络的方法。新的方法应该可以同时根据事件和过程来描述自然。定量化具有唯一性的偶然事件是面临的一项困难的挑战，尽管如此，但构建支持生命系统流量动态分析的定量平台是有广阔前景的。

6.7　新视点，新机遇

讨论了过程生态学的一些潜在缺点后，现在开始探究一下它相比传统学科所具有的优势。首先要强调的是，过程生态学的形而上学完全是由自然假设组成的。重复一下，这三种假设中不存在任何超先验的东西。其实，通过探讨什么东西经过了牛顿的头脑，一个人也许会改变对事物的看法，也就是说，宇宙中的规律本身就是一个超先验的观点。依托这种无缝的外表，相比之下，总是被奇异事件打断的世界就好像是在亵渎神灵。生态的形而上学框架能满足自然主义方法论的所有要求，应能被形而上学的博物学者接受，而这些人大多又是那些关注新达尔文派理论缺点的人。同时，新的形而上学不禁止像牛顿理论那样的超先验的外推。有些人也许会认为这种开放性是一种弱点，因为在前面 Susskind 引用的话语中，它剥夺了人们反对超出自身经验事情的武器。在我看来，过程生态学提供了一种更中立的平台，自然主义者和先验论者都能够参与其中，相互之间也不会藐视对方的智慧。这种形而上学有潜力将科学作为所有人类的知识遗产，不仅是那些接受了卢克莱修唯物主义的人。

6.7.1　直接进入的方式

除很少受到历史遗产的阻碍外，这三种假设也为生命系统的动态提供了一种更直接、更符合逻辑的协调框架，归根结底这也是本书的目标。偶然性和循环的因果关系是两个困扰牛顿理论的难题，这两个问题在这里成了关于自然的基本假设，因而很自然地实现了本书的目标。这种转变有效地剥掉了传统理论中一些未说出口的或难解决的问题的神秘性，比如激发达尔文学派斗志的努力，出现的新颖形式和变化，以及生命的起源等（正如前面讨论的）。

如果中立和直接一些，人们可以认为过程生态学是更基础的。因为生态学/进化思维揭示了以前的自然状态。日常生活中明显的物体确实是演化过程的终点（Chaisson, 2001）；它们是更基础过程达到均衡状态时的目标，系统的上升性允许达到它的最大值。从历史上来看，这些终端经常被我们作为科学解释的起点。科学这样发展是可以理解的，因为与那些易变的、互相依赖的实体相比，不变的系统和没有相互作用的实体无疑更容易处理。不过，要从该点出发向前发展，我们应该承认自然的真实秩序。从本体论的角度来看，也就是今后我们要弄清事情的主次顺序。

6.7.2 新起源?

将过程置于均衡之前可以回避传统理论中的另一个难题——生命起源。正如Haught（2001）所指出的，对物质本体论来讲，生命是如何从一个完全由死物质组成的世界中起源的，这是一个恼人的难题。有人建议，在那些表面静态，但实际上有生命倾向的物质中存在生命的先兆（Chardin, 1966）。然而，大多数方法研究的是死物质。他们从蒸馏瓶中简单的化合物开始，通过电击（Miller 和 Urey, 1959）或加热（Fox, 1995）使其中的化合物迅速而有力地运动，如此希望能出现生命的基本组成成分。一旦出现生命的基本组成成分，就设想它们能够如魔法般地结合在一起形成生命实体。比如，Francis Crick（也包括Orgel（1973））就十分迷恋分子领域的研究，当 Francis Crick 发现 DNA 分子时，他没有简单地将其看作是生命的起源。他推断，DNA 一定是来源于宇宙。一到地球上，它就强行征召大量其他的聚合物和酶与它一起工作。这些方法，与埃利亚学派强调物体是作用力量的起源一样，类似于期望《旧约 · 以西结书》中的干骨头突然长肉，并开始手舞足蹈。但是，生态的形而上学紧随着米利都方法。尤其是，过程生态学认为，需要在正在进行的过程结构中去找寻创造生命实体的作用力量。

Howard Odum（1971）认为在原始有机体产生之前，原始生态系统就已经存在，他的研究也是遵循这样的研究方法。在他的情景中，在分离的空间范围内至少存在两种对抗的相互作用（像氧化还原一样（Fiscus, 2001））。一个地方包含能量源，另一个地方是能量汇，两者之间传递着利用系统外资源所创造的熵。两个地方之间的物理循环是需要的。这种“原始的生态系统”或过程的循环构造提供了系统早期情景中缺乏的活力。我们发现，过程的循环构造能够产生选择作用，它们能够自然产生更复杂却更小的循环结构（原始有机体）。这种变迁没有带来什么问题：在不可逆热力学中，过程总是会产生其他的过程。（应该记住，一种变化引起另一种形式的变化，这是一致的，而且是分维的）。大的循环运动产生小的循环运动这是正常的，比如大旋涡中有很多小旋涡。同样，从银河系开始的宇宙层叠在其中繁育了很多行星，并依此产生了生命所需的大量元素，等等。Corliss（1992）建议了一个类似于 Odum 描述的情景，并认为围绕太古代的温泉可能没有什么东西可以挖掘。最近，他的想法有了 Harold Morowitz 和 Robert Hazen 这样新的拥趸（Cody

等,2001)。因此,与以前的解释相比,过程生态学提供了一种探索生命起源更一致的框架,其中过程的结构对新物体的起源有调解作用。

6.7.3 更早的起源

前面我已隐含地提到,当代物理学描述的物质的演化,明显与过程生态学描述的发展情景类似(Chaisson,2001)。在大爆炸之后,一种非常微妙的不对称($1/10^9$)造成了物质多于反物质。与形成平衡的物质形式同时,在时空中的非线性(反馈)从普通的力中分离出了强力、弱力和电磁力。通过连续的反馈,形式开始变得非常稳定,它们之间的相互作用(力)也变得更精确,直到与它相伴生的物理规律和物理常数最终能具体地表现出来。

这种合并的情景类似于接近极限平衡状态的系统上升性,如图5.5所示。上升性需要区别物种,如何将上升性运用到那些从公共介质中还未产生出类型的现象中,读者对此可能会感到疑惑。通过空间分离可以碰巧完成区分。按这种方式,在一定的空间范围内移动的均质介质,它的上升性可以用一种简单的方式进行计算(Ulanowicz 和 Zichel,2005)。首先,空间范围可分成一些有限的片段,通常是一种空间格网的形式。这样有限的空间范围就被划分成了有限个组成部分,其中组成部分又可用方便的方式进行计数。当介质从单元格 i 流到单元格 j 时,可将其记录为从 i 到 j 的流量,或用上一章中的符号 T_{ij} 来表示。利用 T_{ij} 可以计算流量场中上升性和杂项开支的大小。其中上升性的计算结果表征了流量场内在组织的情况。尽管计算的上升性和杂项开支的绝对值取决于格网的规模,但它们计算值的相对变化却可以描述流量场组织情况的变化。

在这个表征流量场的方案中,与均衡、等量循环(图5.5(c))对应的是一个完美的循环旋涡(Ulanowicz 和 Zichel,2005)。因此,人们可以将新生物质描述成这种旋涡的合成物,这些合成物经常会被周围光子的相互作用所摧毁,或由光子相互之间的碰撞所创造。大爆炸之后空间延伸扩展了,光子的能量锐减(波长变大),致使光子和旋涡之间的碰撞不激烈,而且不经常发生。最后,旋涡有效地从光子气体中分离出来,呈现出一种延长的独立的(或平衡的)景象(图5.5(c))。

由此情景得到的推论是,从实质上讲,即使静态的、不变的物体都是从过程中衍生出来的。正如 Mark Bickhardt 和 Donald Campbell(1999,331;Hoffmeyer,2008)所言:

关键点是,量子场过程不能独立于过程结构而存在:量子场是过程,只能以各种不同的模式存在。这些模式有许多不同的物理尺度和时间尺度,但是它们都与量子场过程有同样的模式。因此,在量子场论中不存在最低层次,只有向上和向下的过程模式。

这里引申的结果是,物质和生命都可以从共同的动态中产生和发展,一个人可以根据上升性和相关变量来跟踪这样的发展变化。更重要的是,通过增加反馈引起上升性增加,这个过程看来比物质和生命更基础和基本,物质和生命分享了共同的动态遗产。因此,生命的出现与早期的物质出现一样,不是什么异常之事,死物质为何突然变得具有了活力,也就不需要解释啦(Ulanowicz,2002)。

7 窗外的风景

我们看有点模糊，就像在镜子里看一样。

——圣保禄

7.1 摆脱牛顿的影响

已经详细分析了研究自然的新窗口，现在需要回过来看看从我们的努力中获得了什么？通过第三窗口，我们看到了什么新事物？我们找到了诊断生命起源的新视角——原始生态系统。当然，除此之外还有更多的风景。

7.1.1 科学对文化？

过程生态学好处之一是修缮了 Snow“两种文化”（科学和人文）之间的裂痕。皮尔斯、波普尔和普里高津都详细阐述了反对宇宙封闭的观点，因为封闭性忽视了从人文和艺术中产生的创造力。人类是一个洋葱，所有的人类活动只是附属现象，如果这样那艺术肯定就是科学的附属品。物理学取得“大统一理论”的愿景，全球自由的福利经济学取得的表面胜利，这让一些人得意洋洋的讨论“历史的终点”这个问题（Fukuyama，2002），好像在有规律的宇宙中也可以认真处理好历史。有时，用牛顿科学来贬损人类自我构建的高贵地位，确实也能找到正当的理由。但是，从过程的角度来看，我们周而复始地又回到了原地，现在开始将科学扯下神坛，将其与人类的其他努力等同对待。

一般来说，开放性夷平了文化间的裂痕，解放了文化，也解放了个人。在机械世界中，人类只是机器人，所以表现出来的情况截然相反。人类的思想只是大脑中电子在依照自然规律运动（Churchland 和 Churchland，1998），最终的结果是用来建立机械的对应关系。换言之，大脑只是一台机器（Franklin，1983），不存在“自由意志”之类的事情。这种限制已经让有些人感到窒息，引起了他们的反抗。他们认为在亚原子层次上存在偶然性，这为电子产生意志提供了机会（R. Penrose，1994）。也就是说，存在于大脑量子维度中的不确定性可对更高的等级层次造成影响。这让我们从确定性的规律中开始解放出来。现在我们已经知道，偶然性并不是微观世界特有的属性。在波普尔和 Elsasser 的开放世界中，任何维度上都能产生偶然性，包括大脑循环和生物化学等宏观维度。

此外，过程生态学仍然缺乏普遍性，它在所有的方向和维度上表现出来具有颗粒的特征。现象层之间的连接是松散的，人类的大脑也是如此。在神经突触的放电与更高层次之间存在几层隔离层，这减缓了人类做决策的认知功能（Juarrero，1999；Murphy 和 Brown，2007）。然而，更高尺度的认知功能肯定与外部世界中的事件耦合在一起，经常与个人所处的文化背景休戚相关。是的，电子是带着思想在运动，但大尺度的事件对它们运动模式的影响也需要重视。前面圆叶葡萄藤的比喻就说明更高层能对下层的神经网络结构施加一种自上而下的影响（Murphy 和 Brown，2007）。如果是这样，相信高层次上的结果完全由低层次上的神经放电决定，显然是荒谬的。

7.1.2　辨明责任

自由意志的复兴使个人责任的概念重焕生机。每个人都承认，有机体功能失调能引起许多病态和犯罪的行为。在开放的世界中，不可能将所有个人的行为都追究到有缺陷的基因或畸变的神经结构上。但是，那些饱受个人有罪感折磨的人，一旦意识到新的形而上学允许将责任分摊到更高的层次上，显然在这里可以找到一些安慰。

在早期工作中（Ulanowicz，1997），我曾提到这个灾难，1986 年 1 月 28 号挑战者号航天飞机飞行了几分钟就发生了爆炸。灾后，政府组织了一个调查组去详细评估 NASA 的运行和人员情况。这是按牛顿的方式组织的一次调查，最终确定的罪魁祸首是 O 型环。在第 1 章和第 5 章中，就效率和可靠性是存在的对抗属性问题，我反复强调了认识它们的重要性。但在挑战者号的调查报告中，我没有发现任何这方面的报道。如果考虑了上面提到的互补特征，有些责备可能就要归于更大的社会政治体制。值得注意的是，这次灾难以前，美国没有太空飞行中死人的记录，只有三名宇航员在地面实验中葬身火海。如此优良的记录要归功于 NASA 计划中人们付出的各种努力，通过巨大的系统冗余度来确保飞行安全。对让一个人有效地往返太空来讲，系统的冗余度总是表现为杂项开支。在灾难发生前人们发财的机会并不多，所以国会和纳税人也不会削减他们的开支，这种冗余让每个政府计划都很有效。这种信息也通过各种途径反馈给了 NASA。正因为于此，可靠性开始慢慢地淡出人们的视野，即便在机器日益复杂的时候也是如此。但是，我们现在知道，为了能持久，系统必须保有一定的效率（上升性）和可靠性（杂项开支）。如果耗尽了杂项开支，悲剧的结果就成了什么时候和怎样发生的问题。所以，整个社会应该为挑战者号的灾难承担重要的责任。

7.1.3　人兼为机器？

由于大脑和身体明确分类不是机器，所以并不能将任何行为的责任都归咎到基因和神经放电上。然而，在西方医学中占统治地位的比喻是器官连带机器。就心血管治疗来讲，这个比喻是比较恰当的，心脏和血管就犹如泵站和管道，它们之间存在一定的关联。但是，将癌症和糖尿病也比拟成机械就会有点牵强。但是，有很大一部分人支持从探讨机械病因的角度来研究癌症，比如鉴定特殊的“致癌基因”。过于相信基因在人类生理学中的作用，这难免会让人担忧，因为这可能影响我们的注意力，使我们注意不到癌症基本上是一种系统水平的疾病（Sonnenschein 和 Soto，2006）。在癌症转移前，3/4 的事件发生在身体系统的水平上（逃避本地组织，躲避监视，入侵新的组织）[1]。

当然，对癌症进行系统水平上的检查多少也会涉及基因组，了解基因组的作用对战胜病魔来说也是必要的。但很多人都将基因组作为起作用的力量,这让我感到不安,将基因组解释成效率因会产生一种"银弹"心理,将我们的注意力主要集中到消极的成分上。如果将基因组降级到(消极)物质因的地位,在病理学分析中,也不会让人因此就将基因组排除在外。然而,单靠物质因不足以进行全面的解释,这驱使研究人员在结合基因组的基础上,从酶或蛋白质的系统反应中继续寻找效率因,并用系统反应来解释基因组。拓宽研究方向,就更有可能找到有效的治疗办法,涉及免疫系统的系统水平上的治疗方法也许就是这样的新治疗方法。幸运的是,有些地方已萌生了这样的想法,一般而言,在生理学中起作用的力量大多存在于代谢反应网中(Strohman,2001),个体发生学中配置基因组的关键力量也是如此(Coffman,2006)。

在所有的生物种群中,也许更高级动物的免疫系统更像生态系统(Vaz 和 Carvalho,1994)。采用生态网络分析方法来研究免疫系统,不再让人觉得牵强附会。需要再次重申的是,许多当前的疾病疗法主要是集中在消除引发它们的"银弹"上,但需要人们花费更多精力去做的是寻求涉及整个免疫系统的疗法。

病人的心理状态能够显著地影响自己身体的恢复,过去的二十年人们对这一假设兴趣盎然。这种高度非牛顿学派的工作似乎在纯粹的现象基础上赢得了大众的认同。现在,人们确信精神状态能够影响免疫系统(Rabin,1999)。这个事实就是更高层次上的功能产生自上而下作用的一个明证。

7.2 现有范围之外

7.2.1 避免过急地得到形而上学的结论

道德和心理让我们从感觉上更接近灵性。尽管我努力有意在自然主义方法的约束下行动,但也没必要对我同情现世主义者 Bateson 遮遮掩掩,Bateson 抱怨我们的传统智慧阻止了我们接近神的领域。Bateson 公开宣称他的神的概念不是超先验的,但对我和某些读者来说,不知不觉就会将文化的品味视为超先验的。在超先验的问题上,很多读者可能都不敢越雷池一步,当然我尊重这样的选择。有神论者和自然主义者之间,神学家和科学家之间的对话最近非常流行,经常成为报纸上的大字标题。如果提都不提过程生态学与那些争论之间的关系,那就是我失职啦,因为我相信新的构想为改善和消除一些存在的冲突带来了很大的希望。

科学家和神学家之间的对话能成为热门话题,当然与特普尔顿基金会(John Templeton Foundation)提供的资金支持显然具有很大的关系。但本质上,是对科学所具有的特权地位进行的后现代批评起了很大的作用。这样的讨论经常要涉及参与者自我形象的核心部分,这样讨论才有活力,但有时还会太激烈。那些不信任别人的人,在面对反对者时经常就会这样。人们担心对手占领自己的哲学阵地,很多时候事实上确实也是如此(Haught, 2000)。因此,至少自 Thomas Huxley 以来,有神论者已感到科学界有些人希望利用事实消灭任何超自然的信仰。上一章,Susskind 的评论说明仍存在这样的担忧,对方也不完全是妄想，也是有理有据的（Dennett，2006，Dawkins，2006）。最近，一些追寻自然主义信条的人已感受到了公众的围攻，在公众教育中，他们要求不要传输用超人来解释自然的信念（Behe，1996；Dembski，1998）。这些冲突都是神学家John Haught（2000）"操之过急的形而上学"中的例子。John Haught的形而上学为什么操之过急呢？因为他希望确立明确的个人信仰，同时要消灭对立的信仰。没有人愿意支持任何一方，因为这样做就相当于承认我们居住在一个充满不确定性的世界中，就如普里高津等（Prigogine和Stengers，1984）指出的一样。

个人间的不确定性是自然界中存在的不确定性造成的，过程生态学的第一条假设讲的就是这个问题。因此，本文提出的框架可能会让那些渴望建立操之过急的形而上学的人感到沮丧，对此不要感到奇怪。至少我希望的就是这样。与那些科学界的有神论者一样，对信仰和怀疑（自然主义）之间内部的个人对话，我总是保有敏锐的嗅觉。内心反复思考这样的对话，好处就是不管你站在那边，都不可能嘲讽对方，也不会受到对方的嘲讽。之所以我会努力去提供这样一个看待世界的框架，是因为这个框架让喜欢操之过急的形而上学的人感到沮丧，同时又鼓励尊重各种负责任的信仰表达，这种内心的对话起了很大的作用。

冒着考验读者耐心的风险我也得重申，即我是如何在自然主义的原则下从事科学研究的。也就是说，我让有关自然的想法都接受了严格的检验，即使关于自然的定义有时是有疑问的（Brooke，待刊）。我的建议中并没有架空吊车，Dennet知道这一点肯定会感到很高兴。同时，我觉得需要将科学的边界扩展到某些明智之士认可的范围之外。比如，我在前言中提到，我回避了附带现象，鼓励科学要尽可能地探索宏观领域的作用力。我认为努力、意志和情感等我们称为自然的事情都是起作用的力量，它们在分类上不属于牛顿的体系，但这里提出来是希望能让它们能成为正规的科学研究对象。我并不是高高在上地问"为什么？"其实我质疑的是，这些年科学研究已取得了很大的进展，为什么这些问题还是科学家的禁区。另外，有时答案要慢慢才能揭晓，我希望我对努力和竞争所做的注释能对提供答案有帮助。

读者中的一些有神论者可能会认为强迫他们接受自然主义的方法有点多此一举。他们甚至会担心，完美的自然主义形而上学可能只是不提到神，在方法上还是重复历史。为什么会有这样的担心呢？我认为主要是来自有意让自然封闭的历史经验。相反，生态的形而上学不是封闭的，我因此提醒大家，最近找到的自然是开放的依据，能给那些希望平衡先验论和有冷静的自然观的人带来点希望。世界是由规律决定的，创造者（如创造性的科学家等）也就没有什么事情。就正如Zygon宗教和科学研究所的创始人Philip Hefner（2000）哀怨的那样，"在这个世界上已没有上帝的'活动空间'。"在这种传统的世界影像中，一些年轻研究人员的信仰可能会发生动摇。我认为，这种冷静的世界观可能会受到他们的欢迎。我唯一能希望的是，我提供了一种替代的愿景，一种完全自然的、理性上一致的愿景。由于不阻止接近神，这种愿景提供了一种平行的、但更能了解自然奇迹的方法。我也希望，这套替代的生态形而上学将鼓励那些年轻的、不愿折衷自己信仰的有神论者加入科学研究的队伍。与他们一些老前辈的意见相反，当他们进入礼拜间时，他们没必要"将事情憋在心里"。同时，因为这里的生态形而上学完全是自然的，神学家应尊重那些自然主义者的信仰,尽管他们规避任何与超自然力量的联系。

7.2.2　万能的还是偶然的?

无疑,就哪些是真正的作用力量,自然主义者和神学家仍会有分歧。依我之见,这种论战避免不了也解决不了。让人略受鼓舞的是,过程生态学可以让自然主义者和神学家之间的几个纷争消失,或大体上得到减缓。自由意志和生命起源的问题是过程的思想减缓争论的两个例子。我相信,过程生态学对那些有更多宗教内容的问题同样具有解决或减缓冲突的潜力,例如主观上神的活动问题。正如已经提到的,封闭性假设使许多人相信,在可观察世界中的每个事件和结果都是由牛顿规律决定的。如果神存在于这样的世界上,那么神就不能为神,这违背了神存在的基本条件。也就是说,在一个完全由规律控制的世界中,创造者唯一的作用是提供初始条件,并为随后的脚本提供推动力。相信有这样的一个神就被称为自然神论。启蒙运动后自然神论非常流行,在美国国父中也有几位相信(Wills,1978)[2]。

神会干预后面揭露的自然次序,这与自然神教派的观点不一致。在自然神教派的情景中没有奇迹的位置:没有充足的“摆动空间”留给神活动。这一信仰的必然结果是,代替别人做祈祷是没有用的。因此,对那个寡妇点亮一只蜡烛祈祷上帝治愈她生病的儿子,Dostoyevsky 才会对她的信心感到很惊奇。

对此没有冗长的讨论,但到如今也应很清楚,过程生态学存在大量的“摆动空间”。如果对人类的请愿,上帝会做出反映来干预,那过程生态学就会在因果关系结构中留有很多的漏洞,也就是靠这些漏洞来实现干预—如需要的话,按协调的方式并经过各种等级层次。对此,有人会冲过来将其当成另外的“夹缝中的神”抛弃。按“夹缝中的神”的观念,填平科学知识中的缝隙要归于上帝行动的结果(过急地得到形而上学的结论就是一例)。但是,John Polkinghorne 提醒我们,存在一种因为无知而造成的认识上的缝隙,这与本体论上的差距形成了鲜明的对比(Davis,1998)。他的意思是,就事物如何发生我们理解上的缝隙将会由新出现的科学事实和理论弥补。这些情况都说明我们有理由警惕急躁。但是,在科学的形式结构上也存在缝隙,这反映了自然实际是开放的。例如,Godel 的不完全性定理、Heisenberg 的不确定原理、Pauli 的不相容原理和 Elsasser 的唯一事件。如果否认这些缝隙的存在,那就是在公然反抗理性。此外,正因为这些缝隙的存在使我们无法排除无所不在的神的行为。

7.2.3　智慧还是急躁?

与奥卡姆的剃刀一样,过程生态学是把双刃剑(Ulanowicz,1995a)。我们知道第一假设是如何提供充裕的摆动空间的,但非常类似的是,第二假设允许事件连贯,并弥补差距(Ulanowicz,待刊)。就这些差距来讲,在美国备选的智能设计(ID)理论已取得巨大成就,许多人希望学校里能将它与达尔文的进化论一起让学生学习。作为 ID 的一部分,William Dembski(1998)识别了他认为既不能创造也不能破坏的“复杂的具体信息”(CSI),他谨慎地宣称,凭借构成新达尔文主义的机械主义不可能创造出 CSI。因此,CSI 一定是创造者的工作。但是要接受智能设计,人们首先就必须采用支持新达尔文主义的机械论框架。其实,Behe 和 Dembski 仍在牛顿力学的范围之内,他们只是简单反映了贝特森关心的事情,即使不是不可能,也是难以创造信息的。然而,当生态系统的上升性增加时,在过程生态学这个更开放的领域之内,并不存在创造信息的障碍。也就是说,在生态的形而上学下,偶然性与自催化相对立,自然界似乎完全能处理 Dembski 所称的那些在机械假设下不可能做的事情。填补 ID 识别在认知上的缝隙,围绕过程理论的研究显示在这方面有很好的前景。

不过,许多嘲笑冲 Dembski 及其同事而来,依我之见这些嘲笑是没必要的。即使解析错误论点,我们也可以学到很多知识。就他们的方法来讲, Dembski 利用了 30 年前 Rutledge 引入生态学的信息微积分,随后,我将用其来分析从无序事物中产生的有序复杂性(从杂项开支中产生的上升性)。Dembski 只是犯了点错误,将识别的复杂性中的有序成分(相互信息)当成了不变的。其实,Elsasser 阐述的不能灭绝的复杂性就居留在 Dembski 忽视的互补项(条件熵或杂项开支)中。

7.2.4 苦和恶存在的必要性

第一假设包含普通存在的、无序(不能灭绝)的复杂性,它的存在与否会影响系统的工作。用社会和道德学的术语来讲,这是一个苦和恶的问题。如何调和万能的上帝和现存的苦和恶之间的关系,这是摆在神学家及其信众面前的一个主要问题,有人甚至还将它命名为神义论。在过程生态学的框架下,神义论的难题也不会消失,而是以不同的、不怎么神秘的形式呈现出来。正如早前我们提到的,由于世界上充满了相互作用的特征,如果系统要不断进化,那干扰就是必不可少的。在这样的无序中,有些是造成苦(偶然性)的原因,有些是导致恶(干涉)的原因。就偶然性来讲,一个人经受过穷苦的人最终得以实现青云之志,这样的例子我们每天都能从报上读到,比如近亲的去世可能会激发一个学生成为一名成功的医学研究者。

故意的恶是很难宽容的。只要存在自由意志(自由是爱的前提),故意的恶的影响就不能消除。第二个考虑的因素来自学院里的形而上学,从中清楚地说明了恶举也能做善事(Aquinas, 1981)。我有一个来自日本广岛的研究合作者,他是在广岛受到核打击后不久出生的。我曾经问他,对那些下令轰炸广岛的人有何感想。他回答说,他父亲在那次轰炸中严重烧伤,由一位年轻的护士照料,后来他们就结婚了。没有那次轰炸,也就不会有我的同事。当然,大的灾难和小的受益之间极大的不对称说明这个例子存在很多的问题。相对不平衡的环境也许更能说明这个问题。比如,作为瑞士专利局的职员,对本职工作爱因斯坦并不是很尽心,他花费了大量的时间去研究相对论。相对论是打开第一窗口的基石之一。(讲得更复杂点,我们曾提到,相对论在获取核能和造核武器的过程中发挥了很大的作用)。不久,我们就会发现我们生活在一个道德混乱的世界里。发展是相互作用力作用的结果,对此点的了解使我们明白,如果不能忍受某些细微的错误,那么人类就不可能进步,也将面临崩溃的危险。人不犯错误,也就谈不上有什么创造力。苦难和小恶是进化过程中必要的组成部分(Ulanowicz,2004c;Keller,2005;Jackelen,待刊;Callahan,2003)。显然,对信众来说,神义论确实存在困境。但是,现在过程理论可使我们从不同的角度来看待这个难题。该问题不再涉及本体论,但是,正如我广岛的同事建议的,它成为了一个重大的问题——有远见的上帝为何允许苦和恶继续存在?

7.2.5 认识论的面纱

并列神与信奉神义论的行为,会促使其信徒质疑是否在每个偶然性事件背后都有上帝之手。现有证据表明,有些有神论者相信背后确实有上帝,而神义论信徒甚至更进一步,他们往往能在恶的背后发现上帝勾勒的宏伟蓝图。但是也可能还存在其他的看法。有人就不接受偶然性事件背后还有更高层次作用力的说法。常言道,这些事情发生了,并成了自然动态的一个必要组成部分。然而对信徒来说,在与人/神对话相联系的事情(如圣经中记录的事情),或那些推动人类向善(比如,善意的概念)的随机偶然事件中,如果维护背后有上帝的行为,其实他们已经偏离了自然主义。Philip Hefner(2000,61)担心这种"选择的神决定论"难以为大众所接受,因为它好像将自然和神都置于了不可靠的境地。但是,从过程生态学角度来看,自然并不完全是确定性的。它不过是设法孕育一些可靠的组分而已。但是,如果神不能带来确定性,我们为什么还需要它无意识的行为呢?

最后,不管是有神论者还是自然主义者,对偶然事情背后是否有更高层次作用力量,他们都没有科学的解决方法。其实这个问题等同于问偶然性是实际存在的(本体论的),还是仅是个伪装(Ulanowicz,1999b)。第一假设承认偶然性是实际存在的。不论人们如何判断这个问题,所有那些敢从第三窗口向外看的人都能察觉到远处存在"认识论的面纱",而这是理性主义和经验主义者都无法看透的地方。那张面纱是遮蔽了"空"还是掩盖了更高层次的作用力量,现在还无从知晓。不确定性天生就是这个世界的一部分,在存在两种趋势的世界里,因双方都急于消灭对方,这时有耐心的包容就成了一种明显的美德。

7.3 观念的转变

不确定性是热力学第二定律的基本特征,它正慢慢地侵蚀历史。由于在偏离自然主义方法论的地方停留过久,我们的愿景开始日益黯淡。此时,作少许停顿并想想构建的第三窗口会产生怎样的影响,这是明智之举。就世界是如何运行的这个问题,要理解过程生态学的解释需要几次转变强调的重点。首先是不要过于追求确定性规律,要更关注过程。对科学而言,过程不是什么新事物,至多只是事物周边仍模糊不清的地方。在达尔文以前,历史同样也是科学的一个组成部分。但是,我们预测并控制自然的想法使其一直处于阴影中。

过程可以视为规律的一般化。也就是说,在宇宙的进化过程中,规律是从早期的过程中衍生出来的,最终才演变成静止的、退化的过程形式。与此类似,波普尔建议我们将倾向看作力的一般化。波普尔观念的转变有助于我们更好地理解复杂的环境,因为识别互相依赖的倾向是一种积极的作用力量,这比我们传统上依靠单个力来解释世界更完美。也就是说,在复杂世界中将注意力从物体转向赋予当前世界模式的作用力量——过程的结构,我们对这个世界的认识正趋于完美。物理学家猜测,在大爆炸的早期,过程(光子)的相互作用产生了第一个物体(配对的物质和反物质),过程先于物体这种实际存在的优先性就延伸到了我们现在的世界中[3]。将物体视为作用力量这是历史的造化。就我们如何看待自然世界这个问题,本文的目的之一就是恢复过程对物体的优先性。通过第三窗口往外看,可以发现引起行为并体现在行为中的,迄今仍被视为附带现象的过程的结构,其实是一种让人欣喜的新特征。

聚焦于过程的结构,其中的一个优势是,过程的结构不可能与简单的力结合,它们是以创造性的方式与偶然性发生相互作用。结果,偶然性就不再是科学工作的一种威胁,当然它曾经是。现在,我们可以很自然地将偶然性看做自然的必要组成部分,承认偶然性是各种新奇事物的来源,从中出现新形式非常自然。

模式是从偶然性与过程的相互作用中诞生出来的,令人惊奇的是这个方案所利用的关键假设比牛顿理论要少很多。因此,过程生态学与牛顿体系相比,就像非欧几里得几何与经典的欧几里得几何相比一样,前者依赖的公理较少,因而拓宽了它们的应用范围。而且,过程生态学的每个假设都是与传统理论中的对应假设对立的。在此以前,通过第一和第二窗口看到的好像是颠倒了的世界,现在通过第三窗口看到的世界才是正确的。

7.4　跨越分水岭

确实,如果牛顿的图像颠倒了现实,那他这样的传统理论怎么能持续这么久,而且取得了这么多令人震惊的进展和成就呢?对此,首先我认为,人类的思想有适应扭曲的能力。例如,在心理学中,当一个实验者带着颠倒影像的眼镜时,他很快就会适应这种情况,从而意识不到颠倒的视角。另外,就此点来说,我早就提出过牛顿的理论对解决自然界的简单问题是非常方便的。但是,现实中不仅只有简单的事情,实际情况要复杂得多。我认为牛顿理论在自己的范围内仍是合适的,但对范围之外的问题就有点无能为力。(自然是颗粒状的)。相关的是第5章中的“有机体中的褶层”。读者可能能回想起,揭示存在褶层是因为观测到因果作用的方向在组织的等级层次上发生了反方向的颠倒。在微观尺度上,因果作用主要是自下而上的,而在更高的层次中主要是自上而下的影响。从定性的角度来看,褶层中相反两方面的事件和模式主要有两点不同——(a)动态和(b)历史。褶层下面的动态主要是以物体在简单力作用下移动为特征。在褶层上面,它们更类似于反馈和复杂的偶然性之间的相互作用。至于历史,在褶层下面的简单实体中大多没有记载。只有在褶层上面的复杂结构中才会对过去有充分的记录。

在极端的等级中,事物的轮廓也是清晰的,但一旦通过褶层转换就开始变得模糊不清。处于褶层的事物有活跃的外形,比如旋风(Salthe,1993)、龙卷风、暴风雨和飓风(Odum,1971),它们的形式都类似于生命系统,但它们仍不能记录自己的历史。紧接褶层上面的是像病毒一样的结构,它们能储存自己系统发展的历史,但为了不断繁殖,它们还必须能捕获其他生命体的动态。只有那些能包含所有三个假设规定的变化并存储历史的实体,才能够被视为是活的生命体。

尽管有点模糊不清,但褶层的存在暗示活的与死的生命体定性上是不连续的。大多数人都会认为这是一种严重的异端看法,倒退到了古代,与活的和死的之间不存在定性差异的现代智慧相矛盾。这有助于提醒我们,如果专注于物体及其差异,那么生和死之间的转变仍是模糊不清的。通过关注事物,人们的注意力偏离了那些最能表示生命特征的指标。只有采用过程观点,才能发现分界线。只要关注过程,从性质上来看,活鹿与死鹿就有明显的差别。

回顾过去,现在可以问为什么我们会相信有生命的和无生命的之间没有定性的差别。物理系统中难道不存在明显的不连续定性变化吗?根据自然物质具有的不同形式,人们可以发现存在的相变。但为什么在有生命和无生命这样不同的领域内,我们不允许存在不连续呢?答案好像涉及意识形态,而不是理性:允许存在这样的不连续实际上就是承认,牛顿作用力作用在死物质上完全不足以胜任构建生命体系的任务。

对我来说,就是公众否认了有机体褶层的存在让 Bateson 担忧不已。作为一名理性的不可知论者,Bateson 表达了他自己反对占主导地位的科学智慧,具体就是抱怨科学思想"不准接近神"。当然,他认为"神"这个词是从超先验的或有宗教内涵的事物中抽象出来的概念。但他想说明的是,当一个人进入生命领域时,否定动态变化中任何定性的转变就暗示生命大体上与非生命一样简单。同时,Bateson 确信,由这种信念催生的大多数行为最终都能证实是自毁的。他采用一种二元论的方法来解决这个问题,就是用有机体褶层来区分他的"纯灵界"与"创造物"。他使用"创造物"这个词非常谨慎,因为他认为生命的动态变化脱离了牛顿的轨道,必须另外考虑。最后,为了画圆自己的愿景,Bateson 为我们指引了生态学的方向,我相信他的这个直觉算得上是先知。

通过关注 Bateson,拓宽视野关注活的生命,我相信自然主义者和神学家同样都会受益匪浅。对接受这种愿景的科学家来说,就是用一种全新的方法来解释我们周围的世界,并按照周围世界的规则来行动。打个比喻,为了看到五颜六色的世界,当然需要我们脱掉自己机械的有色眼睛。面对比物质本身更基本的作用力量,我们感到很高兴。是活的生物,而不是分子转化了中间的世界,依此指引可以激发我们去修改和完善所有的社会、艺术、政治和经济思潮。更重要的是,采用过程生态学说明我们在抛弃盛行的"绝望的宇宙观"(Haught,2000),接受的是另外一种有希望的观念。

注　释

前　言

1. 本书采用上升性的另外一种拼法(ascendency)是为了与它(ascendancy)的常用意思相区分。

第1章:引言

1. 20世纪90年代后期,物理学家开始热衷于研究极其简单的网络。值得注意的是,比此要早半个世纪,定量的有向网络就已经是生态学中的研究热点(Barabasi,2002)。

2. 本书避免提及"宗教"是担心有些读者会对本书的主旨感到迷茫。无神论者可以放心,除了最后一章,本书采用的都是自然主义方法,没有提及先验的和超自然的力量。

第2章:打开的两扇窗

1. 巴尔莫谱系描述的是氢原子发射光谱频率的比例。二进制是表征数字最基本的方法,用整数"1"和"0"来表示。

2. 通过观察中西医的差别,人们凭直觉就可察觉这种可能性。以前西方不重视中医,现在正在对中医进行重新评价。

3. 在西方世界外,这种今天报纸上还上头条的状况仍在一些地区盛行。

4. 感谢Robert Artigiani提醒了作者注意这些事件。

5. 有人喜欢用原子论指识别部分的过程,解体和重组用来指可分解性(与Andrzej Konopka个人通信)。

6. 这是下面事实的推论,将时间t用其负数(−t)来代替,方程描述的力的4种作用规律不变。

7. 假如达尔文渴望成为"草上的莱布尼茨",那么事情的演化可能完全不同,或许会朝着本文引导的方向演化。

8. 当然,人们需要记住,用计算机来模拟随机动态总是不太完善。

9. 与Bruce H. Weber个人通信。

10. 与John Fellows个人通信。

11. 演化轨迹中存在不可逆性,这很容易证明。最近关于著名的达尔文燕雀开展的相关工作就证明了这一点。Peter Grant(1999)研究了加拉帕哥斯群岛达尔文燕雀鸟喙大小的短期变化。他和他的妻子Rosemary发现,干旱使达尔文燕雀吃不到小的软的种子,因此自然选择开始青睐长喙燕雀。然而,却未观察到相反情况。当降雨回归正常时,达尔文燕雀的鸟喙未随之变化,因为大喙燕雀也可吃到小的软的种子。类似的研究也可参见

Jorgensen 和 Fath(2004)的工作。

第 3 章:事情是如何变化的?

1. 实际上,Elsasser 用了是 10^{85},但最近更多的估值逼近 10^{81}。无论任何,这个指数的精确值不是 Elsasser 论点的关键。

2. 75!(读作 75 阶乘积),意味着从 1 到 75 的所有整数的乘积,即 $75 \times 74 \times 73 \times 72 \times 71 \times \cdots \times 1$。

3. 生态学家 Sven Jørgensen(1995)估计了一个比这个系统更简单的系统的观测值,所得的结果是 Elsasser 的巨大数。

第 4 章:事情是如何持久的?

1. 我提醒读者注意第 2 章中采用的可操作的过程定义:"过程是指在给定约束下随机事件的相互作用,且产生了非随机但不确定的结果。"

2. 实际上,很多打着自催化旗号处理的事物,其实并未涉及催化作用。催化剂对反应起了加速作用,但本身并未发生变化。这种现象用术语自助化可能更准确一些,因为催化剂本身也发生了变化(Terrance Deacon,个人通信)。然而,因为自催化比自助化一词要流行得多,所以本文仍采用自催化一词。

3. 与 Alicia Juarrero 个人通信。

4. 与 A. Juarrero 个人通信。

5. 与 Brooke Parry Hecht 个人通信。

6. 与 James Coffman 个人通信。

7. 与 Peter M. Allen 个人通信。

8. 第 5 章将给出一个与估算 AMI 类似的计算案例。

9. 实际上,我的标度方法并不是受 Bateson 思想的激发,当时我并未意识到这一点。只是想利用我的热力学知识背景,像吉布斯或亥尔姆茨定义自由能(测量系统有效做功的能力[Schroeder,2000])那样来定义上升性。他们定义的自由能都是用系统的能量乘一个用对数形式表示的系统组成项(如 AMI 一样)。

第 5 章:进化系统中的作用力

1. 尽管辩证法经常指严格意义上的人类相互作用,但它经常受社会/政治因素的影响,因此我宁愿用相互影响来替代。在本文中这两个术语将交替使用。

2. 采用变分法意味着将问题转化为求单目标函数的最优化问题。比如,求解某经济活动的利润最大化问题。

3. 这里使用的是突变这个词的数学含义,指跳跃式的不连续性。该术语通常代表消极的含义,没必要在这里采用。

4. 聚合物是由称为单体的小分子构造块组成的分子链。

5. 与 Philip Clayton 个人通信。

6. 与 J. Coffman 个人通信。

7. 将信息定义为不确定性的减少对澄清概念的含义来讲意义重大。信息论中许多处理办法将信息与不确定性搅浑在一起,容易让人一头雾水。参见第 5 章 Ulanowicz(1986)。

8. 热力学平衡含义非常狭窄。如果突然切断某系统与其环境的联系,在孤立后系统的状态不发生变化,那么系统最初就是平衡的。

第 6 章:生态的形而上学

1. 与 P. Clayton 个人通信。

2. 与 Emilio Del Giudice 个人通信。

3. 与 Daniel Brooks 个人通信。

4. Eddington 最初的责备如下,"如果有人向你指出,你所喜爱的宇宙理论与麦克斯韦尔方程不符合,那有问题的是麦克斯韦尔方程。如果与观察结果矛盾,那么是实验者搞砸了事情。但如果你的理论违背了热力学第二定律,那就没有希望了;只能是受到极大的羞辱。"

5. 与 A. Juarrero 和 Bernard Patten 个人通信。

第 7 章:窗外的风景

1. 与 Jerome L. Chandler 个人通信。

2. 有意思的是,牛顿自己并没有发现上帝与自己提出的规律之间存在矛盾(Davis,1990)。

3. 在这样的层次上,物理学家也认识到物体与过程之间(如粒子与波)的差异有点模糊不清。

参 考 文 献

Allen,T. F. H. ,andT. B. Starr. 1982. Hierarchy. Chicago:University of Chicago Press.

Allesina, S. , A. Bodini, and C. Bondavalli 2005. Ecological subsystems via graph theory: The role of strongly connected components. Oikos 110 (1):164 – 176.

Allesina,S. ,and C. Bondavalli 2004. WAND: An ecological network analysis user – friendly tool. Environmental Modelling Software 19 (4):337 – 340.

Aquinas,T. 1981. Summa theologica. Westminster, MD:Christian Classics.

Atlan,H. 1974. On a formal definition of organization. Journal of Theoretical Biology 45: 295 – 304.

Baird,D. ,and R. E. Ulanowicz. 1989. The seasonal dynamics of the Chesapeake Bay ecosystem. Ecological Monographs 59: 329 – 364.

Barabasi,A – L. 2002. Linked: The New Science of Networks. Cambridge, MA: Perseus.

Bateson,G. 1972. Steps to an Ecology of Mind. New York: Ballantine Books.

Bateson,G. ,and M. C. Bateson. 1987. Angels Fear: Towards an Epistemology of the Sacred. New York:Macmillan.

Behe,M. J. 1996. Darwin' s Black Box: The Biochemical Challenge to Evolution. New York: Free Press.

Bersier, L. 2002. Quantitative descriptors of food web matrices. Ecology 83(9):2394 – 2407.

Bickhardt,M. H. , and D. T. Campbell. 1999. Emergence. In P. B. Andersen, C. Emmeche, N. O. Finnemann, and P. V. Christiansen, eds. , Downward Causation, 322 – 348. Aarhus, DK: Aarhus University Press.

Bohm,D. 1989. Quantum Theory. Mineola, NY: Dover.

Bohr,N. 1928. The quantum postulate and the recent development of atomic theory. Nature 121: 580 – 591.

Bondavalli,C. , and R. E. Ulanowicz. 1999. Unexpected effects of predators upon their prey: The case of the American alligator. Ecosystems 2:49 – 63.

Borgatti,S. P. , and P. Foster. 2003. The network paradigm in organizational research: A review and typology. Journal of Management 29(6):991 – 1013.

Bose,P. ,D. H. Albonesi, and D. Marculescu. 2003. Power and complexity aware design. IEEE Micro 23(5): 8 – 11.

Bosserman,R. W. 1981. Sensitivity techniques for examination of input – output flow analyses. In W. J Mitsch and J. M. Klopatek, eds. , Energy and Ecological Modelling, 653 – 660. Amsterdam:Elsevier.

Brinson, M. M. , R. R. Christian,and L. K. Blum. 1995. Multiple states in the sea – level induced transition from terrestrial forest to estuary. Estuaries 18:648 – 659.

Brooke,J. H. Forthcoming. Should the word"nature"be eliminated? In J. Proctor, ed. New Visions in Nature, Science and Religion. West Conshohocken, PA: Templeton Foundation Press.

Brooks,D. R. ,and E. O. Wiley. 1988. Evolution as Entropy: Toward a Unified Theory of Biology. 2nd ed. Chicago: University of Chicago Press.

Buffon, G. L. L. 1778. Histoire naturelle, general et particulier, Supplement. Vol. 5. Paris: De I' imprimerie royale.

Callahan, S. 2003. Women Who Hear Voices. New York:Paulist Press.

Caratheodory, C. 1909. Investigation into the foundations of thermodynamics. Mathematische Annalen (Berlin) 67:355 – 386.

Carnot, S. 1824/1943. Refections on the Motive Power of Heat. Trans. R. H. Thurston. New York: ASME.

Chaisson, E. J. 2001. Cosmic Evolution: The Rise of Complexity in Nature. Cambridge, MA: Harvard University Press.

Chardin, T. de. 1966. Man's Place in Nature. New York: Harper&Row.

Christensen, V., and D. Pauly. 1992. ECOPATH II – A software for balancing steady – state models and calculating network characteristics. Ecological Modelling 61:169 – 185.

Churchland, P. M., and P. S. Churchland. 1998. On the Contrary: Critical Essays, 1987 – 1997. Cambridge, MA: MIT Press.

Clayton, Philip. 2004. Mind and Emergence: From Quantum to Consciousness. New York: Oxford University Press.

Clements, F. E. 1916. Plant Succession: An Analysis of the Development of Vegetation. Washington, D. C.: Carnegie Institution of Washington, D. C.

Cody, G. D., R. M. Hazen, J. A. Brandes, H. Morowitz, and H. S. Yoder, Jr. 2001. The geochemical roots of Archeic autrotrophic carbon fixation: H · rothermal experiments in the system Citric – H_2O +/ – FeS +/ – NiS. Geochimica et Cosmochimica Acta 65(20):3557 – 3576.

Coffman, J. A. 2006. Developmental ascendency: From bottom – u Pto top – down control. Biological Theory 1 (2):165 – 178.

Cohen, J. E. 1976. Irreproducible results and the breeding of pigs. Bioscience 26: 391 – 394.

Cohen, J. E., F. Briand, and C. M. Newman. 1990. Community Food Webs: Data and Theory. Biomathematics 20. New York: Springer – Verlag.

Cohen, J. E., R. Beaver, S. Cousins, D. DeAngelis, L. Goldwasser, K. L. Heong, R. Holt, A. Kohn, J. Lawton, N. Martinez, R. O'Malley, R. Page, B. Patten, S. Pimm, G. Polis, M. Rejmanek, T. Schoener, K. Schoenly, W. R. Spurles, J. Teal, R. E. Ulanowicz, P. Warren, H. Wilbur, and P. Yodzis. 1993. Improving food webs. Ecology 74:252 – 258.

Collier, J. D. 1990. Intrinsic information. In P. P. Hanson, ed., Information, Language and Cognition, 390 – 409. Vancouver Studies in Cognitive Science, vol. 1. Vancouver, BC: British Columbia Press.

Corliss, J. B. 1992. The submarine hot spring hypothesis for the origin of life on earth. http://www.ictp.trieste.it/~chelaf/postdeadline.html.

Cuvier, G. 1825/1969. Discours sur les revolutions de la surface du globe, et sur les changements qu'elles ont produits dans le regne animal. 3rd ed. Bruxelles: Culture et civilisation.

Crick, F. H. C., and L. E. Orgel. 1973. Directed panspermia. Icarus 19: 341 – 346.

Daly, H. E. 2004. Reconciling the economics of social equity and environmental sustainability. Population and Environment 24(1):47 – 53.

Darwin, C. 1859. On the origin of the species by means of natural selection, or, the preservation of favoured races in the struggle for life. London: J. Murray.

Davidson, E. H. 2006. The Regulatory Genome: Gene Regulatory Networks in Development and Evolution. Philadelphia: Elsevier.

Davies, P. C. W., and J. R. Brown. 1986. The strange world of the quantum. In P. C. W. Davies and J. R. Brown, eds., The Ghost in the Atom: A. Discussion of the Mysteries of Quantum Physics, 1 – 39. Cambridge: Cambridge University Press.

Davis, E. B. 1990. Newton's rejection of the "Newtonian world view": The role of divine will in Newton's natural philosophy. Fides et Historia 22:6 – 20.

——. 1998. A God who does not itemize versus a science of the sacred. American Scientist 86: 572 – 574.

Dawkins, R. 1976. The Selfish Gene. New York: Oxford University Press.

——. 2006. The God Delusion. New York: Bantam.

Deacon, T. W. 2006. Reciprocal linkage between self – organizing processes is sufficient for self – reproduction and evolvability. Biological Theory 1 (2):136 – 149.

DeAngelis, D. L., W. M. Post, and C. C. Travis. 1986. Positive Feedback in Natural Systems. New York: Springer – Verlang.

D'Elia, C. F. 1988. Nitrogen versus phosphorous. In S. E. McCoy, ed., Chesapeake Bay: Issues, Resources, Status and Management, 69 – 87. NOAA Estuary – of – the – Month Seminar No. 5. Washington, D. C.: U. S. Department of Commerce.

Dembski, W. A. 1998. Intelligent design as a theory of information. Access Research Network. http://www.arn.org/docs/dembski/ wd_idtheory.htm.

Dennett, D. C. 1995. Darwin's Dangerous Idea: Evolution and the Meanings of Life. New York: Simon and Schuster.

——. 2006. Breaking the Spell: Religion as a Natural Phenomenon. New York: Viking.

Depew, D. J., and B. H. Weber. 1995. Darwinism Evolving: Systems Dynamics and the Geneology of Natural Selection. Cambridge, MA: MIT Press.

Eddington, A. E. 1930. The Nature of the Physical World. New York: MacMillan.

Eigen, M. 1971. Selforganization of matter and the evolution of biological macromolecules. Naturwiss 58: 465 – 523.

Ellis, G. F. R. 2005. Physics, complexity and causality. Nature 435:743.

Elsasser, W. M. 1969. A causal phenomena in physics and biology: A case for reconstruction. American Scientist 57: 502 – 16.

——. 1981. A form of logic suited for biology? In Robert Rosen, ed., Progress in Theoretical Biology, 6: 23 – 62. New York: Academic Press.

Fath, B. D., and B. C. Patten. 1998. Network synergism: Emergence of positive relations in ecological models. Ecological Modelling 107:127 – 143.

——. 1999. Review of the foundations of network environ analysis. Ecosystems 2:167 – 179.

Feyerabend, P. K. 1978. Against Method: Outline of an Anarchistic Theory of Knowledge. New York: Verso.

Finn, J. T. 1976. Measures of ecosystem structure and function derived from analysis of flows. Journal of Theoretical Biology 56:363 – 380.

Fiscus, D. A. 2001. The ecosystemic life hypothesis I: Introduction and definitions. Bulletin of the Ecological Society of America 82(4):248 – 250.

Fox, S. W. 1995. Thermal synthesis of amino acids and the origin of life. Geochimica et Cosmochimica Acta 59:1213 – 1214.

Fox – Keller, E. 2007. A clash of two cultures. Nature 445:603.

Franklin, J. 1983. Not Quite a Miracle: Brain Surgeons and Their Patients on the Frontier of Medicine. Garden City, NY: Doubleday.

Fukuyama, F. 2002. The End of History and the Last Man. New York: Perennial.

Gibson, J. J. 1979. The Ecological Approach to Visual Perception. Boston: Houghton Mifflin.

Gladyshev, G. P. 1997. Thermodynamic Theory of the Evolution of Living Beings. Commack, NY: Nova Scientific Publishers.

Gattie, D. K., E. E. Tollner, and T. L. Foutz. 2005. Network environ analysis: A mathematical basis for describing indirect effects in ecosystems. Transactions of ASAE 48(4):1645 – 1652.

Gleason, H. A. 1917. The structure and development of the plant association. Bulletin Torrey Botanical Club 44:463 – 481.

Godel, K. 1931. Uber formal unentscheidbare Satze der Principia Mathematica und verwandter Systeme. Monatshefte fur Mathematik und Physik 38:173 – 198.

Goerner, S. J. 1999. After the Clockwork Universe: The Emerging Science and Culture of Integral Society. Edinburgh: Floris Books.

Goethe, J. W. von. 1775/1958. Urfaust. Ed. R. H. Samuel. London: Macmillan.

Gould, S. J. 2002. The Structure of Evolutionary Theory. Cambridge, MA: Belkna PPress.

Gould, S. J., and N. Eldredge. 1977. Punctuated equilibria: The tempo and mode of evolution reconsidered. Paleobiology 3: 115 – 151.

Grant. P. R. 1999. Ecology and Evolution of Darwin's Finches. 2nd ed. Princeton, NJ: Princeton Science Library.

Grenz, S. J. 1996. A Primer on Postmodernism. Grand Rapids, MI: William B. Eerdmans.

Griffin, D. R. 1996. Introduction to SUNY series in constructive postmodern thought. In F. Ferre, Being and Value, xv – xviii. Albany, NY: SUNY Press.

Guttalu, R. S., and H. Flashner. 1989. Periodic solutions of non – linear autonomous systems by approximate point mappings. Journal of Sound and Vibration 129(2):291 – 311.

Hagen, J. B. 1992. An Entangled Bank: The Origins of Ecosystem Ecology. New Brunswick, NJ: Rutgers University Press.

Haken, H., 1988. Information and Self – Organization: A Macroscopic Approach to Complex Systems. Berlin/; Springer – Verlag.

Hallsdottir, M. 1995. On the pre – settlement history of Icelandic vegetation. Icelandic Agricultural Sciences 9: 17 – 29.

Hannon, B. 1973. The structure of ecosystems. Journal of Theoretical Biology 41:535 – 546.

Haught, J. F. 2000. God after Darwin: A Theology of Evolution. Boulder, CO: Westview Press.

——. 2001. Science, religion, and the origin of life. Paper delivered at the AAAS Seminar, Washington, D. C. September 13.

——. 2003. Deeper than Darwin: The Prospect for Religion in the Age of Evolution. Boulder, CO: Westview Press.

Hawking, S. W. 1988. A Brief History of Time: From the Big Bang to Black Holes. New York: Bantam.

Hefner, P. 2000. Why I don't believe in miracles. Newsweek 135(17):61(May 1).

Heisenberg, W. 1927. Ueber den anschaulichen Inhalt der quantentheo – retischen Kinematik und Mechanik. Zeits. f. Physik 43:172 – 198.

Hirata, H., and R. E. Ulanowicz. 1984. Information theoretical analysis of ecological networks. International Journal of Systems Science 15: 261 – 270.

Ho, M – W. 1993. The Rainbow and the Worm: The Physics of Organisms. River Edge, NJ: World Scientific.

Ho, M – W., and R. E. Ulanowicz. 2006. Sustainable systems as organisms? BioSystems 82:39 – 51.

Hodge, M. J. S. 1992. Biology and philosophy (including ideology): A study of Fisher and Wright. In S.

Sarkar, ed. , The Founders of Evolutionary Genetics, 231 –293. Doderecht:Kluwer.

Hoffmeyer,J. 2008. Biosemiotics: Signs of Life and Life of Sings. Scranton, PA: University of Scranton Press.

Holling,C. S. 1978. The spruce – budworm/forest – management problem. In C. S. Holling, ed. , Adaptive Environmental Assessment and Management, 143 – 182. International Series on Applied Systems Analysis 3. Hoboken, NJ:John Wiley&Sons.

——. 1986. The resilience of terrestrial ecosystems: Local surprise and global change. In W. C. Clark and R. E. Munn, eds. , Sustainable Development of the Biosphere, 292 – 317. Cambridge: Cambridge University Press.

Huberman,B. A. ,ed. 1988. The Ecology of Computation. Amaterdam, NY:North – Holland.

Hutchinson,G. E. 1948. Circular causal systems in ecology. Annals of the New York Academy of Sciences 50: 221 –246.

Jackelen,A. Forthcoming. Creativity through emergence: A vision of nature and God. In J. Proctor, ed. , New Visions in Nature. Science and Religion. West Conshohocken, PA:Templeton Foundation Press.

Jolly, A. 2006. A global vision. Nature 443:148.

Jonas, H. 1966. The Phenomenon of Life. New York: Harper and Row.

Jørgensen, S. E. 1992. Integration of System Theories: A Pattern. Dordrecht:Kluwer.

——. 1995. Quantum mechanics and complex ecology. In B. C. Paten and S. E. Jorgensen,eds. , Complex E-cology: The Part – Whole Relation in Ecosystems, 34 –39. Englewood Cliffs,NJ:Prentice Hall.

Jørgensen,S. E. ,and B. D. Fath. 2004. Modelling the selective adaptation of Darwin' s finches. Ecological Modelling 176(3 –4):409 –418.

Jørgensen,S. E. ,and H. Mejer. 1979. A holistic approach to ecological modelling. Ecological Modelling 7:169 –189.

Jørgensen,S. E. ,B. D. Fath,S. Bastianoni,J. Marques,F. Mueller,Nors – Nielsen, B. C. Pattern,E. Tiezzi,and R. E. Ulanowicz. 2007. A New Ecology: Systems Perspective. Amsterdam: Elsevier.

Juarrero, A. 1999. Dynamics in Action: Intentional Behavior as a Complex System. Cambridge, MA: MIT Press.

Kauffman,S. 1995. At Home in the Universe: The Search for the Laws of Self – Organization and Complexity. New York:Oxford University Press.

——. 2000. Investigations. Oxford:Oxford University Press.

Keller,C. 2005. God and Power:Counter – Apocalyptic Journeys. Minneapolis. MN:Fortress Press.

Kikawada,H. 1998. Applying network analysis to simulated ecological landscape dynamics. Master' s thesis, University of Maryland, College Park, MD.

Kolasa,J. , and S. T. A. Pickett. 1991. Ecological Heterogeneity. New York: Springer – Verlag.

Konopka, A. K. 2007. Basic concepts of systems biology. In A. K. Konopka, ed. , Systems Biology: Principles, Methods, and Concepts, 1 –26. Boca Raton, FL:CRC Press.

Krause,A. E. ,K. A. Frank,D. M. Mason,R. E. Ulanowicz,and W. W. Taylor. 2003. Compartments revealed in food – web structure. Nature 426:282 –285.

Kristinsson,H. 1995. Post – settlement history of Icelandic forests. Icelandic Agricultural Sciences 9:31 –35.

Krivov,S. ,and R. E. Ulanowicz. 2003. Quantitative measures of organization for multi – agent systems. BioSystems 69:39 –54.

Laplace,P. S. 1814/1951. A Philosophical Essay on Probabilities. Trans. F. W. Truscott and F. L. Emory. New York: Dover Publications, Inc.

Leontief, W. 1951. The Structure of the American Economy, 1919 – 1939. 2nd ed. New York: Oxford University Press.

Levine, S. 1980. Several measures of trophic structure applicable to complex food webs. Journal of Theoretical Biology 83:195 – 207.

Lewontin, R. C. 1997. Billions and billions of demons. The New York Review of Books 44(1):28 – 32(January 9).

——. 2000. The Triple Helix: Gene Organism and Environment. Cambridge, MA: Harvard University Press.

Liljenstroem, H., and U. Svedin, eds. 2005. Micro, Meso, Macro: Addressing Complex Systems Couplings. Hackensack, NJ: World Scientific.

Lindeman, R. L. 1942. The trophic – dynamic aspect of ecology. Ecology 23:399 – 418.

Long, R. R. 1963. Engineering Science Mechanics. Englewood C;offs. MK: Prentice Hall.

Lorenz, R. D. 2002. Planets, life and the production of entropy. International Journal of Astrobiology 1:3 – 13.

Lotka, A. J. 1922. Contribution to the energetics of evolution. Proceedings of the Natural Academy of Sciences 8:147 – 150.

Lyell, C. 1830. Principles of geology, being an attempt to explain the former changes of the earth's surface, by reference to causes now in operation. London: J Murray.

MacArhtur, R. H. 1955. Fluctuations of animal populations and a measure of community stability. Ecology 36: 533 – 536.

Mason, D. M. 2006. Econetwrk: A Windows – compatible Tool to Analyze Ecological Flow Networks. Ann Arbor, MI: NOAA Great Lakes Environmental Laboratory. http://www.glerl.noaa.gov/EcoNetwrk/.

Matsuno, K. 1996. Internalist stance and the physics of information. Journal of Biological Systems 38:111 – 118.

Maturana, H. R., and F. J. Varela. 1980. Autopoiesis and Cognition: The Realization of the Living. Dordrecht: D. Reidel.

Matutinovic, I. 2002. Organizational patterns of economies: An ecological perspective. Ecological Economics 3: 421 – 440.

——. 2005. The microeconomic foundations of business cysles: Form institutions to autocatalytic networks. Journal of Economic Issues 39(4):867 – 898.

May, R. M. 1972. Will a large complex system be stable? Nature 238: 413 – 414.

——. 1981. Theoretical Ecological: Principles and Applications. Sunderland, MA: Sinauer.

Mayr, E. 1997. This Is Biology: The Science of the Living World. Cambridge, MA: The Belkna PPress of Harvard University Press.

McLuhan, M. 1964. Understanding Media. New York: Mentor.

Mickulecky, D. C. 1985. Network thermodynamics in biology and ecology: An introduction. In R. E. Ulanowicz and T. Platt, eds., Ecosystem Theory for Biological Oceanography, 163 – 175. Canadian Bulletin of Fisheries and Aquatic Sciences 213, Ottawa.

Miller, S. L., and H. C. Urey. 1959. Organic compound synthesis on the primitive earth. Science 130:245.

Morrison, P., J. Billingham, and J. Wolfe, eds. 1977. The Search for Extraterrestrial Intelligence: SETI. Washington, D. C.: NASA.

Mueller, F., and M. Leupelt. 1998. Eco Targets, Goal Functions, and Orientors. Berlin: Springer – Verlag.

Murphy, N., and W. S. Brown. 2007. Did My Neurons Make Me Do It? Philosophical and Neurobiological Perspectives on Moral Responsibility and Free Will. Oxford: Oxford University Press.

Naess, A. 1988. Dee Pecology and ultimate premises. Ecologist 18:128 – 131.

Noether, A. 1983. Gesammelte Abhandlungen. Ed. N. Jaconson. New York: Springer Verlag.

Odum, E. P. 1953. Fundamentals of Ecology. Philadelphia: Sanuders.

——. 1969. The strategy of ecosystem development. Science 164:262 – 270.

——. 1970. The emergence of ecology as a new integrative discipline. Science 195:1289 – 1293.

Odum, E. P., and H. T. Odum. 1959. Fundamentals of Ecology. 2nd ed. Philadelphia: Saunders.

Odum, H. T. 1971. Environment, Power and Society. New York: John Wiley and Sons.

Odum, H. T., and R. C. Pinkerton. 1955. Time's speed regulator: The optimum efficiency for maximum power output in physical and biological systems. American Scientist 43:331 – 343.

Pahl – Wostl, C. 1995. The Dynamic Nature of Ecosystems: Chaos and Order Entwined. New York: Wiley.

Patten, B. C. 1999. Out of the clockworks. Estuaries 22(2A):339 – 342.

Penrose, O. 2005. An asymmetric world. Nature 438:919.

Pensore, R. 1994. Shadows of the Mind. Oxford: Oxford University Press.

——. The Road to Reality: A Complete Guide to the Laws of the Universe. New York: A. A. Knopf.

Peterson, G. R. Forthcoming. Is nature radically emergent? In J. Proctor, ed., New Visions in Nature, Science and Religion. West Conshohocken, PA: Templeton Foundation Press.

Peirce, C. S. 1892. The doctrine of necessity examined. The Monist 2: 321 – 338.

Pielou, E. C. 1975. Ecological Diversity. New York: Wiley.

Platt, T., K. H. Mann, and R. E. Ulanowicz, eds. 1981. Mathematical Models in Biological Oceanography. Paris: UNESCO Press.

Popper, K. R. 1959. The Logic of Scientific Discovery. London: Hutchinson.

——. 1982. The Open Universe: An Argument for Indeterminism. Totowa, NJ: Rowman and Littlefield.

——. 1990. A World of Propensities. Bristol, UK: Thoemmes.

Prigogine, I. 1945. Moderation et transformations irreversibles eds systemes ouverts. Bulletin de la classe des sciences – Academie royale de Belgique. 31: 600 – 606.

——. 1978. Time, structure and fluctuations. Science 201:777 – 785.

Prigogine, I., and I. Stengers. 1984. Order out of Chaos: Man's New Dialogue with Nature. New York: Bantam.

Rabin, B. S. 1999. Stress, Immune Function, and Health: The Connection. New York: Wiley – Liss.

Rosen, R. 1985a. Information and complexity. In R. E. Ulanowicz and T. Platt, eds., Ecosystem Theory for Biological Oceanography, 221 – 33. Canadian Bulletin of Fisheries and Aquatic Sciences 213. Ottawa.

——. 1985b. Anticipatory Systems: Philosophical, Mathematical, and Methodological Foundations. Oxford: Pergamon Press.

Rosen, R. 2000. Essays on Life Itself. New York: Columbia University Press.

Russell, B. 1993. An Outline of Philosophy. New York: NY: Routledge.

Rutledge, R. W., B. L. Basorre, and R. J. Mulholland. 1976. Ecological stability: An information theory viewpoint. Journal of Theoretical Biology 57: 355 – 371.

Salthe, S. N. 1989. Commentary on "The influence of the evolutionary paradigms" by R. M. Burian. In M. K. Hecht, ed., Evolutionary Biology at the Crossroads: A Symposium at Queens College, 174 – 76. Flushing, NY: Queens College Press.

——1993. Development and Evolution: Complexity and Change in Biology. Cambridge, MA: MIT Press.

Schneider, E. D., and J. J. Kay. 1994. Life as a manifestation of the second law of thermodynamics. Mathematical and Computer Modelling 19:25 – 48.

Schneider, E. D. , and D. Sagan. 2005. Into the Cool: Energy Flow, Thermodynamics and Life. Chicago: University of Chicago Press.

Schroeder, D. V. 2000. An Introduction to Thermal Physics. San Francisco: Addison Wesley.

Shroedinger, E. 1944. What Is Life? Cambridge: Cambridge University Press.

Shannon, C. E. 1948. A mathematical theory of communication. Bell System Technology Journal 27:379 – 423.

Smith, J. M. 1982. Evolution and the Theory of Games. Cambridge: Cambridge University Press.

Snow, C. P. 1963. The Two Cultures and the Scientific Revolution. Cambridge: Cambridge University Press.

Solzhenitsyn, A. I. 1989. August 1914. New York: Farrar, Straus and Giroux.

Sonnenschein, C. , and A. M. Soto. 2006. Emergentism by default: A view from the bench. Synthese 151(3): 361 – 376.

Strohman, R. C. 2001. Human genome project in crisis: Where is the program for life? California Monthly 111 (5):24 – 27.

Susskind, L. 2005. The landscape. http://www.edge.org/q2006/q06_6.html.

Szyrmer, J. , and R. E. Ulanowicz. 1987. Total flows in ecosystems. Ecological Modelling 35:123 – 136.

Tiezzi, E. 2006. Steps towards an Evolutionary Physics. Southampton, UK: WIT Press.

Tilly, L. J. 1968. The structure and dynamics of Cone Spring. Ecological Monographs 38:169 – 197.

Tribus, M. , and E. C. McIrvine. 1971. Energy and information. Scientific American 225(3):179 – 188.

Ulanowicz, R. E. 1980. An hypothesis on the development of natural communities. Journal of Theoretical Biology 85:223 – 245.

——. 1983. Identifying the structure of cycling in ecosystems. Mathematical Biosciences 65: 219 – 237.

——. Growth& Development: Ecosystems Phenomenology. New York: Springer – Verlag.

——. 1995a. Beyond the material and the mechanical: Occam's razor is a double – edged blade. Zygon 30 (2):249 – 266.

——1995b. Utricularia's secret: The advantage of positive feedback in oligotrophic environments. Ecological Modelling 79:49 – 57.

——. 1995c. Ecosystem trophic foundations: Lindeman Exonerata. In B. C. Patten and S. E. Jorgensen, eds. Complex Ecology: The Part – Whole Relation in Ecosystems, 549 – 60. Englewood Cliffs, NJ: Prentice Hall.

——. 1997. Ecology, the Ascendent Perspective. New York: Columbia University Press.

——. 1999a. Life after Newton: An ecological metaphysic. Biological Systems 50: 127 – 142.

——. 1999b. Out of the clockworks: A response. Estuaries 22:342 – 343.

——. 2001. The organic in ecology. Ludus Vitales 9(15):183 – 204.

——. 2002. Ecology, a dialogue between the quick and the dead. Emergence 4: 34 – 52.

——. 2004a. New perspectives through brackish water ecology. H · ro – biologia 514:3 – 12.

——. 2004b. Quantitative methods for ecological network analysis. Computational Biology and Chemistry 28: 321 – 39.

——. 2004c. Ecosystem dynamics: A natural middle. Theology and Science 2(2):231 – 253.

——. 2005. Fluctuations and order in ecosystem dynamics. Emergence: Complexity and Organization 7(2):14 – 20.

——. 2006. Process ecology: A transactional worldview. Journal of Ecodynamics 1:103 – 114.

——. 2007. Emergence, naturally! Zygon 42(4):945 – 960.

——. Forthcoming. Enduring metaphysical impatience? In J. Proctor, ed. , New Views in Nature, Science and

Religion. West Conshohocken, PA: Templeton Foundation Press.

Ulanowicz, R. E. , and D. Baird. 1999. Nutrient controls on ecosystem dynamics: The Chesapeake mesohaline community. Journal of Marine Systems 19:159 – 172.

Ulanowicz, R. E. , and B. M. Hannon. 1987. Life and the production of entropy. Proceedings of the Royal Society, London B. 232:181 – 192.

Ulanowicz, R. E. , and J. J. Kay. 1991. A package for the analysis of ecosystem flow networks. Environmental Software 6:131 – 142.

Ulanowicz, R. E. , and J. S. Norden. 1990. Symmetrical overhead in flow networks. International Journal of Systems Science 1:429 – 437.

Ulanowicz, R. E. , and C. J. Puccia. 1990. Mixed trophic impacts in ecosystems. Coenoses 5:7 – 16.

Ulanowicz, R. E. , and M. J. Zickel. 2005. Using ecology to quantify organization in fluid flows. In A. Kleidon and R. Lorenz, eds. , Non – Equilibrium Thermodynamics and the Production of Entropy: Life, Earth, and Beyond. 57 – 66. Berlin: Springer Verlag.

Vanderburg, W. H. 1990. Integrality, context, and other industrial casualties. In C. J. Edwards and H. A. Regier, eds. , An Ecosystem Approach to the Integrity of the Great Lakes in Turbulent Times, 79 – 90. Great Lakes Fishery Commission, Special Publication 90 – 94. Ann Arbor, MI.

Vaz, N. M. , and C. R. Carvalho. 1994. Assimilation, tolerance and the end of innocence. Ciencia e Cultura (Sao Paulo) 46(5/6):351 – 357.

Waddington, C. H. 1942. Canalisation of development and the inheritance of acquired characters. Nature 150: 563 – 565.

Watson, J. D. , and F. H. C. Crick. 1953. Molecular structure of nucleic acids: A structure for deoxyribose nucleic acid. Nature 171:737 – 738.

Westfall, R. S. 1983. Never at Rest: A Biography of Isaac Newton. Cambridge: Cambridge University Press.

——. 1993. The Life of Isaac Newton. Cambridge: Cambridge University Press.

Whitehead, A. N. 1929. Process and Reality. New York: Macmillan.

——. 1938. Modes of Thought. New York: The Free Press.

Whitehead, A. N. , and B. Russell. 1913. Principia Mathematica. Cambridge: Cambridge University Press.

Wicken, J. S. , and R. E. Ulanowicz. 1988. On quantifying hierarchical connections in ecology. Journal of Social and Biological Structures 11:369 – 377.

Williams, R. J. 1956. Biochemical Individuality: The Basis for the Gene – totrophic Concept. Austin: University of Texas Press.

Wills, G. 1978. Inventing America. Garden City, NY: Doubleday.

Wilson, E. O. 1980. Sociobiology. Cambridge, MA: Harvard University Press.

——. 1998. Consilience: The Unity of Knowledge. New York: Knopf.

Wimsatt, W. C. 1995. The ontology of complex systems: Levels of organization, perspectives and causal thickets. Canadian Journal of Philosophy 20:207 – 274.

Wolfram, S. 2002. A New Kind of Science. Champaign, IL: Wolfram Media.

Wright, R. 1988. Did the universe just happen? Atlantic Monthly, April, 29 – 44.

Zorach, A. C. , and R. E. Ulanowicz. 2003. Quantifying the complexity of flow networks: How many roles are there? Complexity 8(3):68 – 76.

Zotin, A. A. , and A. I. Zotin. Phenomenological theory of ontogenesis. International Journal of Developmental Biology 41:917 – 921.

作者索引

主题索引

A

B

C

D

E

F

G

H

I

J

K

L

M

N

O

P

Q

R

S

T

U

V

W

Z